COLLECTION FOLIO

F. Scott Fitzgerald

L'étrange histoire de Benjamin Button

suivi de

La lie du bonheur

Traduit de l'anglais (États-Unis)
par Véronique Béghain

Gallimard

Ces nouvelles sont extraites de *Contes de l'âge du jazz*
(Folio n° 5691).

Francis Scott Fitzgerald est né le 24 septembre 1896 à Saint Paul (Minnesota), dans le Middle West. Il est d'ascendance irlandaise. D'origine modeste, il fréquente pourtant la haute société de Saint Paul, découvre les séductions vénéneuses de l'univers des riches et les cruautés des différences sociales, dont il fera le matériau d'un grand nombre de ses œuvres de fiction. De l'époque de Princeton, où il est admis en 1913 et où il fera des études médiocres, il gardera le regret de n'avoir pu faire partie de l'équipe de football ni du corps expéditionnaire américain, la guerre en Europe ayant pris fin avant qu'il puisse s'embarquer.

La chance lui sourit pourtant avec son premier roman, *L'envers du Paradis*. Il paraît en 1920, fait scandale, est un énorme succès. Fitzgerald devient le porte-parole de la génération nouvelle, de l'âge du jazz, des *flappers*, les danseuses de charleston aux cheveux courts et aux genoux nus. Riche et célèbre, il peut épouser la fille qu'il convoite, la plus belle, Zelda Sayre. Mais la gloire de Fitzgerald ne dure que le temps des Années folles. Après la crise économique de 1929-1930, son univers passe de mode. Il travaille à Hollywood, oublié. Depuis le début des années 1930, Zelda ne quitte guère les institutions psychiatriques. Fitzgerald meurt d'une crise cardiaque le 21 décembre 1940, laissant un roman inachevé : *Le dernier nabab*.

Lisez ou relisez les livres de F. Scott Fitzgerald en Folio :

LE DERNIER NABAB (Folio n° 2002)

LA FÊLURE et autres nouvelles / *THE CRACK-UP and other short stories* (Folio Bilingue n° 124)

UNE VIE PARFAITE *suivi de* L'ACCORDEUR (Folio 2 € n° 4276)

LES ENFANTS DU JAZZ (CHOIX) / *TALES OF THE JAZZ AGE (SELECTED STORIES)* (Folio Bilingue n° 158)

GATSBY LE MAGNIFIQUE (Folio n° 5338)

LE GARÇON RICHE et autres nouvelles / *THE RICH BOY and other stories* (Folio Bilingue n° 184)

CONTES DE L'ÂGE DU JAZZ (Folio n° 5691)

LA FÊLURE *et autres nouvelles* (Folio n° 5784)

BERNICE SE COIFFE À LA GARÇONNE *précédé du* PIRATE DE LA CÔTE (Folio 2 € n° 5835)

BEAUX ET DAMNÉS (Folio n° 5862)

TENDRE EST LA NUIT (Folio n° 5926)

LA SORCIÈRE ROUSSE *précédé de* LA COUPE DE CRISTAL TAILLÉ (Folio 2 € n° 3622)

LE RÉCONCILIATEUR *suivi de* GRETCHEN AU BOIS DORMANT (Folio 2 € n° 6324)

L'étrange histoire
de Benjamin Button

I

Au temps lointain de l'année 1860, il était de bon ton de naître chez soi. Je me suis laissé dire que les divinités toutes-puissantes de la médecine avaient désormais décrété que les premiers cris des enfants devaient résonner dans l'air aseptisé d'un hôpital, en vue si possible. Les jeunes Mr. et Mrs. Roger Button avaient donc cinquante ans d'avance sur la mode lorsqu'ils décidèrent, un jour de l'été de 1860, que leur premier enfant naîtrait dans un hôpital. On ne saura jamais si cet anachronisme a eu une quelconque incidence sur l'histoire ahurissante que je m'apprête à relater.

Je vais vous rapporter les faits et vous laisser juger par vous-même.

Les Roger Button jouissaient d'une situation enviable, tant du point de vue social que financier, dans le Baltimore d'avant la guerre de Sécession. Ils étaient parents de Telle famille et de Telle autre, ce qui les qualifiait, comme le savait tout

Sudiste, pour appartenir à cette vaste noblesse dont la Confédération était largement peuplée. C'était la première fois qu'ils se prêtaient à cette vieille coutume charmante consistant à avoir un bébé ; Mr. Button était naturellement nerveux. Il espérait que ce serait un garçon, pour pouvoir l'envoyer à l'université de Yale dans le Connecticut, établissement où Mr. Button lui-même avait été connu quatre années durant sous le surnom assez facile de « Manchette ».

Le matin de septembre où devait avoir lieu le grand événement, il se leva, nerveux, à 6 heures, s'habilla, régla impeccablement son nœud de cravate et traversa à la hâte les rues de Baltimore pour rejoindre l'hôpital, afin de savoir si la nuit profonde avait fait éclore une nouvelle vie sur son sein.

Arrivé à une centaine de mètres du Maryland Private Hospital for Ladies and Gentlemen, il vit le docteur Keene, le médecin de famille, en descendre le perron en se frottant les mains comme pour se les laver – geste recommandé aux docteurs par l'éthique tacite de leur profession.

Mr. Roger Button, président de « Roger Button & Co., quincaillerie de gros », se mit à courir vers le docteur Keene avec bien moins de dignité qu'on pouvait en attendre d'un gentleman du Sud à cette époque pittoresque. « Docteur Keene ! lança-t-il. Hé, docteur Keene ! »

Le docteur l'entendit, se tourna vers lui et

attendit, une étrange expression se dessinant sur son visage sévère de médecin, tandis que Mr. Button se rapprochait.

« Que s'est-il passé ? » demanda Mr. Button, en le rejoignant précipitamment, hors d'haleine. « C'est quoi ? Comment va-t-elle ? Un garçon ? Qui est-ce ? Quel…

— Arrêtez de dire n'importe quoi ! » répondit durement le docteur Keene. Il paraissait passablement exaspéré.

« L'enfant est-il né ? » demanda Mr. Button, implorant.

Le docteur Keene fronça les sourcils. « Eh bien, oui, on peut dire ça, j'imagine… en un certain sens. » Il jeta à nouveau un étrange regard à Mr. Button.

« Ma femme se porte bien ?

— Oui.

— Est-ce un garçon ou une fille ?

— Écoutez ! » s'écria le docteur Keene, au comble de l'exaspération. « Je vais vous demander d'aller vérifier cela par vous-même. Révoltant ! » Il lâcha ce dernier mot avec hargne, en une seule syllabe pour ainsi dire, avant de se détourner en grommelant : « Vous croyez qu'un cas comme celui-là va faire du bien à ma réputation professionnelle ? Un autre comme ça et je serais fini… n'importe qui le serait.

— Que se passe-t-il ? demanda Mr. Button, horrifié. Des triplés ?

— Non, pas des triplés ! répliqua sèchement le docteur. Du reste, vous n'avez qu'à aller voir par vous-même. Et vous trouver un autre médecin. Je vous ai mis au monde, jeune homme, et je suis le médecin de votre famille depuis quarante ans, mais c'est terminé en ce qui vous concerne ! Je ne veux plus jamais vous voir, ni vous ni personne de votre famille ! Au revoir ! »

Sur ce, il tourna brusquement les talons et, sans un autre mot, grimpa dans son phaéton, posté au bord du trottoir, avant de s'éloigner, l'air grave.

Mr. Button resta là, pétrifié, tremblant de la tête aux pieds. Quelle terrible mésaventure avait pu se produire ? Il avait soudain perdu tout désir d'entrer dans le Maryland Private Hospital for Ladies and Gentlemen, dont il se força, avec la plus grande peine, un instant plus tard, à gravir le perron et à passer la porte principale.

Une infirmière était assise derrière un bureau, dans les ténèbres opaques du hall d'entrée. Ravalant sa honte, Mr. Button s'approcha d'elle.

« Bonjour », fit-elle, levant aimablement les yeux vers lui.

« Bonjour. Je… je suis Mr. Button. »

À ces mots, un air de terreur absolue se peignit sur le visage de la jeune fille. Elle se leva d'un bond et parut sur le point de s'enfuir, ne se contenant visiblement qu'à grand-peine.

« Je voudrais voir mon enfant », dit Mr. Button.

L'infirmière poussa un petit cri. « Oh... naturellement ! s'écria-t-elle, hystérique. À l'étage. Juste là, à l'étage. Allez... montez ! »

Elle lui indiqua la direction et Mr. Button, tout baigné de sueur froide, s'éloigna d'un pas hésitant et se mit à monter l'escalier. Dans le hall du haut, il s'adressa à une autre infirmière, qui s'approcha de lui, une cuvette à la main. « Je suis Mr. Button, parvint-il à dire. Je voudrais voir mon... »

Bling ! La cuvette tomba bruyamment au sol et roula en direction de l'escalier. *Bling ! Blang !* Elle amorça sa descente méthodique, comme en proie à la terreur générale que provoquait ce monsieur.

« Je voudrais voir mon enfant ! » hurla presque Mr. Button. Il était au bord de la crise de nerfs.

Blang ! La cuvette avait atteint le rez-de-chaussée. L'infirmière se reprit et jeta à Mr. Button un regard chargé du plus grand mépris.

« Eh bien, d'accord, Mr. Button, concéda-t-elle, à mi-voix. Fort bien ! Mais si vous saviez dans quel état cela nous a tous mis ce matin ! C'est absolument révoltant ! La réputation de l'hôpital ne survivra pas à...

— Dépêchez-vous ! s'écria-t-il d'une voix rauque. Je n'en peux plus !

— Alors, par ici, Mr. Button. »

Il la suivit en traînant les pieds. Au bout d'un long couloir, ils atteignirent une pièce d'où s'élevaient des hurlements variés – une pièce qu'on allait désigner, par la suite, sous le nom de « chambre de la honte ». Ils entrèrent. Alignés le long des murs se trouvaient cinq ou six berceaux à roulettes laqués blanc, munis chacun d'une étiquette accrochée au chevet.

« Eh bien, souffla Mr. Button, lequel est le mien ?

— Là ! » répondit l'infirmière.

Mr. Button suivit son doigt du regard et voici ce qu'il vit. Enveloppé dans une couverture blanche volumineuse et tout recroquevillé dans l'un des berceaux qui ne le contenait que partiellement, un vieillard visiblement âgé d'environ soixante-dix ans était assis. Sa maigre chevelure était presque blanche et de son menton dégoulinait une longue barbe gris cendré, qui ondoyait de manière grotesque et se balançait d'avant en arrière sous l'effet de la brise qui entrait par la fenêtre. Il leva vers Mr. Button un regard brouillé, passé, où l'on devinait interrogation et perplexité.

« Suis-je devenu fou ? » tonna Mr. Button, sa terreur se changeant en fureur. « S'agit-il là d'une sinistre plaisanterie de carabin ?

— Ça n'a rien d'une plaisanterie pour nous, répliqua l'infirmière sur un ton sévère. Et je ne sais pas si vous êtes fou ou pas, mais c'est là sans le moindre doute votre enfant. »

La sueur froide redoubla sur le front de

Mr. Button. Il ferma les yeux, puis, les rouvrant, regarda de nouveau. Il n'y avait pas d'erreur : il avait sous les yeux un homme de quatorze lustres, un bébé de quatorze lustres, un bébé dont les pieds retombaient de part et d'autre du berceau dans lequel il reposait.

Le regard du vieillard passa placidement de l'un à l'autre pendant un moment, puis il se mit brusquement à parler d'une voix usée et fêlée. « Vous êtes mon père ? » demanda-t-il.

Mr. Button et l'infirmière sursautèrent violemment.

« Parce que, si c'est le cas, poursuivit-il d'un ton grincheux, j'aimerais que vous me sortiez de là, ou que vous obteniez au moins qu'on installe un rocking-chair confortable dans cette chambre.

— D'où sortez-vous pour l'amour du Ciel ? Qui êtes-vous ? explosa Mr. Button, hors de lui.

— Je ne peux pas vous dire avec exactitude qui je suis, répondit le geignard grincheux, parce que j'ai tout juste quelques heures, mais mon nom de famille est sans aucun doute Button.

— Menteur ! Vous êtes un imposteur ! »

Le vieillard se tourna vers l'infirmière d'un air las. « Belle manière d'accueillir un nouveau-né, se plaignit-il d'une voix faible. Dites-lui qu'il se trompe, si vous voulez bien.

— Vous vous trompez, Mr. Button, dit l'infirmière d'un ton sévère. C'est votre enfant et vous allez devoir vous y faire. Nous allons vous demander de le ramener chez vous dès que possible, dans la journée.

— Chez moi ? fit Mr. Button en écho, incrédule.

— Oui, nous ne pouvons le garder ici. C'est impossible, vous comprenez ?

— Vous m'en voyez ravi, geignit le vieillard. Charmant endroit pour un jeune qui aime la tranquillité. Avec tous ces cris et ces hurlements, je n'ai pas pu fermer l'œil. J'ai demandé qu'on m'apporte quelque chose à manger (à ce moment-là, sa voix fit entendre une note aiguë de protestation) et on m'a apporté un biberon ! »

Mr. Button se laissa tomber dans un fauteuil au chevet de son fils et enfouit son visage entre ses mains. « Juste Ciel ! murmura-t-il, au comble de l'horreur. Que vont dire les gens ? Que dois-je faire ?

— Vous devez le ramener chez vous, répéta l'infirmière, sur-le-champ ! »

Une vision grotesque d'une affreuse netteté se dressa devant les yeux de cet homme au supplice : une vision de lui-même parcourant la ville et ses rues noires de monde avec cette épouvantable apparition marchant à ses côtés. « C'est impossible. Impossible », gémit-il.

Les gens s'arrêteraient pour lui parler, et que leur dirait-il ? Il lui faudrait leur présenter ce…

ce septuagénaire : « Voici mon fils, né ce matin à l'aube. » Le vieillard ramènerait alors sa couverture autour de lui et ils poursuivraient leur route d'un pas lourd, passant devant les magasins bondés, le marché aux esclaves – l'espace d'un sombre instant, Mr. Button fut pris d'un désir éperdu que son fils fût noir –, les luxueuses demeures du quartier résidentiel, l'asile de vieillards…

« Allons ! Reprenez-vous, lui ordonna l'infirmière.

— Dites donc, avertit soudain le vieillard, si vous croyez que je vais rentrer à la maison vêtu de cette couverture, vous faites fausse route.

— C'est ce qu'on met aux bébés. »

Avec un gloussement malfaisant, le vieillard brandit un petit lange blanc. « Regardez ! dit-il d'une voix chevrotante. Voilà ce qu'elles voulaient me mettre.

— C'est ce que les bébés portent, dit l'infirmière sur un ton pincé.

— Eh bien, répliqua le vieillard, d'ici deux minutes, ce bébé-ci ne portera plus rien. Cette couverture me démange. On aurait pu au moins me donner un drap.

— Ne l'enlevez pas ! Ne l'enlevez pas ! » se hâta de dire Mr. Button. Il se tourna vers l'infirmière. « Que dois-je faire ?

— Allez en ville et achetez des vêtements à votre fils. »

La voix de son fils le suivit jusque dans le couloir : « Et une canne, père. Je veux une canne. »

Mr. Button claqua sauvagement la porte de la rue derrière lui…

II

« Bonjour », lança nerveusement Mr. Button au commis de la mercerie Chesapeake. « Je voudrais acheter des vêtements pour mon fils.

— Quel âge a votre fils, monsieur ?

— Environ six heures, répondit Mr. Button, sans prendre suffisamment le temps de réfléchir.

— Le rayon layette se trouve au fond du magasin.

— C'est que je ne pense pas… je ne suis pas certain que ce soit ce que je cherche. C'est un bébé… un enfant d'une taille inhabituelle. Exceptionnellement… euh… grand.

— Ils font les grandes tailles.

— Où se trouve le rayon pour enfants ? » demanda Mr. Button, changeant de tactique du tout au tout. Il avait l'impression que le commis ne pouvait pas manquer de flairer son secret honteux.

« Juste là.

— Euh… » Il hésitait. L'idée de faire porter des vêtements d'homme à son fils lui répugnait.

S'il pouvait simplement trouver un costume d'enfant, disons, particulièrement grand, il lui suffirait de couper cette longue barbe affreuse et de teindre les cheveux blancs en châtain pour arriver à dissimuler le pire et à sauver un peu de sa dignité – sans parler de sa position dans la société de Baltimore.

Malgré l'examen frénétique auquel il le soumit, le rayon enfants ne révéla toutefois aucun costume susceptible de convenir au nouveau-né de la famille Button. Mr. Button s'en prit au magasin, naturellement, comme il est d'usage de le faire en pareil cas.

« Quel âge avez-vous dit que votre fils avait ? s'enquit le commis avec curiosité.

— Il a… seize ans.

— Oh, je vous prie de m'excuser. Je pensais que vous aviez dit six heures. Vous trouverez le rayon adolescents dans l'allée suivante. »

Mr. Button s'éloigna, l'air misérable. Puis il s'arrêta, le visage illuminé, et montra du doigt un mannequin habillé dans la vitrine. « Là ! s'exclama-t-il. Je vais prendre ce costume-là, celui qui est sur ce mannequin. »

Le commis écarquilla les yeux. « Mais ce n'est pas un costume d'enfant, protesta-t-il. Enfin, si, mais c'est une tenue de soirée. Vous pourriez le porter !

— Emballez-le, poursuivit son client, nerveux. C'est ce que je cherche. »

Le commis stupéfait s'exécuta.

De retour à l'hôpital, Mr. Button entra dans la pouponnière et jeta pratiquement le paquet à son fils. « Voilà tes vêtements », lui lança-t-il sèchement.

Le vieillard défit le paquet et considéra le contenu d'un œil interrogateur.

« Je leur trouve un air bizarre, se plaignit-il. Je n'ai pas envie d'avoir l'air d'un clown…

— Et moi, j'ai l'air d'un clown à cause de toi ! rétorqua Mr. Button avec férocité. Arrête de te demander si tu vas avoir l'air bizarre. Mets-les… ou je te… ou je te donne une fessée. » Il eut du mal à déglutir en prononçant le dernier mot, tout en ayant le sentiment que c'était la chose à dire.

« Très bien, père (simulant le respect filial de façon grotesque), vous avez plus d'expérience ; vous savez ce qui est le mieux. Comme vous voudrez. »

Comme précédemment, le son du mot « père » fit violemment sursauter Mr. Button.

« Et dépêche-toi.

— Je me dépêche, père. »

Quand son fils fut habillé, Mr. Button le contempla, accablé. Le costume consistait en des chaussettes à pois, un pantalon rose et une chemise ceinturée avec un grand col blanc. Retombant sur ce dernier, la longue barbe blanchâtre flottait et pendait presque jusqu'à la taille. L'effet n'était guère réussi.

« Attends ! »

Mr. Button attrapa une paire de grands ciseaux d'hôpital, avec lesquels, en trois coups rapides, il amputa largement la barbe. Mais, en dépit de cette amélioration, l'ensemble était loin d'être parfait. La touffe de poils en bataille qui subsistait, les yeux larmoyants, les dents gâtées juraient curieusement avec la gaieté du costume. Mr. Button s'entêta malgré tout ; il lui tendit la main. « Viens ! » dit-il sur un ton comminatoire.

Son fils lui prit la main, confiant. « Comment allez-vous m'appeler, papa ? » chevrota-t-il tandis qu'ils s'éloignaient de la pouponnière, « juste "bébé" pour l'instant ? Le temps de trouver mieux ? »

Mr. Button grommela. « Je ne sais pas, répondit-il sur un ton cassant. Je pense que nous allons t'appeler Mathusalem. »

III

Même une fois qu'on eut coupé et teint bien artificiellement en noir la chevelure clairsemée du nouvel arrivant de la famille Button, une fois qu'on l'eut rasé de si près qu'il en avait le visage tout luisant et qu'on l'eut habillé de vêtements de garçonnet faits sur mesure par un tailleur sidéré, il fut impossible à Mr. Button d'ignorer le fait que son fils n'était qu'un piètre semblant de premier bébé. Quoique voûté par l'âge, Benjamin Button – car c'est là le nom qu'on lui donna, au lieu du prénom approprié mais désobligeant de Mathusalem – mesurait un mètre soixante-douze. Ses vêtements ne parvenaient pas à dissimuler sa taille, pas plus que ses sourcils taillés et teints ne masquaient le regard passé, larmoyant et fatigué qui se trouvait en dessous. De fait, la nourrice engagée par avance quitta la maison après lui avoir jeté un seul regard, sous le coup de la plus grande indignation.

Mais Mr. Button, inflexible, ne vacilla pas dans sa résolution. Benjamin était un bébé et il le resterait. Il commença par déclarer que, si Benjamin n'aimait pas le lait chaud, il se passerait tout à fait de manger, avant de se laisser fléchir et d'autoriser à son fils les tartines beurrées, et même le porridge, en manière de compromis. Un jour, il rapporta un hochet à la maison, qu'il donna à Benjamin en l'enjoignant expressément de « jouer avec », sur quoi le vieillard prit le jouet d'un air las et se mit en devoir de le faire cliqueter à intervalles réguliers pendant la journée.

Il n'en est pas moins indubitable que le hochet l'ennuyait et qu'il trouvait d'autres distractions, plus réconfortantes, lorsqu'il était seul. Un jour, par exemple, Mr. Button découvrit qu'au cours de la semaine précédente il avait fumé plus de cigares que jamais auparavant – phénomène qui devait trouver une explication, quelques jours plus tard, quand, entrant dans la chambre d'enfant à l'improviste, il trouva la pièce envahie d'une légère fumée bleutée et Benjamin, l'air coupable, occupé à essayer de cacher un mégot de havane de couleur sombre. Ce comportement méritait naturellement une sévère fessée, mais Mr. Button se rendit compte qu'il ne pouvait se résoudre à l'administrer. Il se contenta d'avertir son fils que cela allait « retarder sa croissance ».

Sa résolution restait néanmoins intacte. Il rapporta des soldats de plomb, des trains miniatures, d'aimables gros animaux en tissu et, pour parfaire l'illusion qu'il créait – pour lui-même du moins –, il s'enquit le plus sérieusement du monde auprès du commis du magasin de jouets de savoir si « la peinture se détacherait du canard rose si le bébé le portait à sa bouche ». Mais, en dépit de tous les efforts que faisait son père, Benjamin refusait de se montrer intéressé. Il descendait discrètement par l'escalier de service et revenait dans sa chambre avec un volume de l'*Encyclopaedia Britannica*, dans lequel il s'absorbait tout un après-midi, tandis que ses vaches en tissu et son arche de Noé gisaient abandonnées par terre. Face à pareil entêtement, les efforts de Mr. Button ne servaient pas à grand-chose.

Au début, la nouvelle fit grandement sensation

dans Baltimore. Il n'est pas possible d'évaluer le coût social de cette mésaventure pour les Button et leur famille, car avec le déclenchement de la guerre de Sécession la ville s'intéressa à d'autres sujets. Quelques personnes dont la politesse n'était jamais prise en défaut se creusèrent la tête pour trouver des compliments à faire aux parents – et finirent par tomber sur l'astuce consistant à déclarer que le bébé ressemblait à son grand-père, ce qui était indéniable, compte tenu du processus normal de déclin propre à tous les septuagénaires. Cela ne fit pas plaisir à Mr. et Mrs. Roger Button, et le grand-père de Benjamin, furieux, se sentit insulté.

Benjamin, une fois qu'il eut quitté l'hôpital, prit la vie comme elle se présentait. Il eut droit à la visite de quelques petits garçons et passa un après-midi courbaturé à s'efforcer de s'intéresser aux toupies et aux billes, réussissant même, bien accidentellement, à casser une fenêtre de cuisine en maniant un lance-pierre, exploit dont son père se réjouit en secret.

Par la suite, Benjamin trouva le moyen de casser quelque chose tous les jours, mais il ne le faisait que parce qu'on attendait cela de lui et qu'il était d'un naturel obligeant.

Lorsque l'hostilité témoignée au départ par son grand-père se fut atténuée, Benjamin et ce monsieur se mirent à tirer un immense plaisir de leur compagnie réciproque. Ils restaient assis pendant des heures, eux que l'âge et l'expérience éloignaient tant l'un de l'autre, et, comme de vieux camarades, évoquaient inlassablement, avec la plus grande monotonie, les lents événements du jour. Benjamin se sentait plus à son aise en présence de son grand-père que de ses parents : ils semblaient toujours un peu intimidés par lui et, malgré l'autorité dictatoriale qu'ils exerçaient sur lui, lui donnaient fréquemment du « Monsieur ».

L'âge apparemment avancé de son esprit et de son corps à sa naissance le laissait perplexe, comme tout le monde. Il lut les articles qui y étaient consacrés dans le journal médical, mais découvrit qu'on n'avait encore recensé aucun autre cas de cette nature. Pressé par son père, il faisait des efforts sincères pour jouer avec des garçons de son âge et participait souvent aux jeux les plus calmes ; le football américain était trop éprouvant pour lui et il craignait, en cas de fracture, que ses vieux os se refusent à se ressouder.

Lorsqu'il eut cinq ans, on l'envoya au jardin d'enfants, où il fut initié à l'art de coller du papier vert sur du papier orange, celui du tissage de napperons colorés et de la confection d'éternels colliers en carton. Il avait tendance à s'assoupir au beau milieu de ces exercices, habitude qui agaçait et effrayait tout ensemble sa jeune maîtresse d'école. Pour le plus grand soulagement de Benjamin, elle se plaignit à ses parents et on le retira de l'école. Les Roger Button expliquèrent à leurs amis qu'ils le trouvaient trop jeune.

Au bout de douze ans, ses parents s'étaient habitués à lui. De fait, la force de l'habitude est telle qu'ils ne le trouvaient plus différent des autres enfants – sauf lorsque quelque étrange anomalie le leur rappelait. Mais, un jour, quelques semaines après l'anniversaire de ses douze ans, alors qu'il se regardait dans le miroir, Benjamin fit, ou crut faire, une découverte stupéfiante. Ses yeux l'abusaient-ils ou ses cheveux, au cours de ces douze années d'existence, étaient-ils passés du blanc au gris argenté, dissimulés sous la teinture ? Le réseau de rides creusant son visage était-il de moins en moins prononcé ? Sa peau était-elle plus saine et plus ferme, voire légèrement rosie par le froid hivernal ? Il n'aurait su le dire. Il savait qu'il n'était plus voûté et que sa condition physique s'était améliorée depuis les tout premiers jours de son existence.

« Se peut-il… ? » se dit-il en son for intérieur, ou plutôt osa-t-il à peine se dire.

Il alla trouver son père. « J'ai grandi, déclara-t-il avec détermination. Je veux porter un pantalon long. »

Son père hésita. « Eh bien, finit-il par dire, je ne sais pas trop. C'est à quatorze ans qu'on commence à porter des pantalons longs… et tu n'as que douze ans.

— Mais tu es bien obligé de reconnaître, protesta Benjamin, que je suis grand pour mon âge. »

Son père le considéra en se donnant l'air de peser la question. « Ah, je n'en suis pas si sûr, dit-il. J'étais aussi grand que toi quand j'avais douze ans. »

Ce n'était pas vrai ; c'était un effet de l'accord tacite que Roger Button avait passé avec lui-même pour se faire croire que son fils était normal.

On finit par trouver un compromis. Benjamin devait continuer à se teindre les cheveux. Il devait faire plus d'efforts pour jouer avec des garçons de son âge. Il ne devait pas sortir dans la rue avec ses lunettes ou sa canne. En échange de ces concessions, on l'autorisait à porter son premier pantalon long…

IV

De la vie de Benjamin Button entre sa douzième et sa vingt et unième année, je ne compte pas dire grand-chose. Il suffit de dire que ce furent des années de décroissance normale. À dix-huit ans, Benjamin se tenait aussi droit qu'un homme de cinquante ans ; il avait plus de cheveux, d'un gris foncé ; il marchait d'un pas assuré, parlait d'une voix qui n'était plus ni fêlée ni chevrotante et descendait jusqu'au registre d'un baryton dans la force de l'âge. Son père l'envoya donc dans le Connecticut passer l'examen d'entrée à l'université de Yale. Benjamin réussit l'examen et fut admis en première année.

Trois jours après son inscription, il reçut une convocation de Mr. Hart, le responsable de la scolarité, qui l'enjoignait de passer à son bureau pour mettre au point son emploi du temps. Benjamin, jetant un coup d'œil dans le miroir, jugea que ses cheveux avaient besoin d'une nouvelle application de teinture châtaine, mais un examen inquiet du tiroir de sa commode révéla que le flacon de teinture ne s'y trouvait pas. La mémoire lui revint alors : il l'avait vidé la veille et l'avait jeté.

Il était confronté à un dilemme. Il était attendu à la scolarité cinq minutes plus tard. Il n'y avait visiblement pas d'autre solution : il devait y aller tel quel. C'est ce qu'il fit.

« Bonjour, dit poliment le responsable de la scolarité. Vous venez au sujet de votre fils.

— Eh bien, à vrai dire, je m'appelle Button... » commença Benjamin, mais Mr. Hart l'interrompit.

« Je suis ravi de faire votre connaissance, Mr. Button. J'attends votre fils d'une minute à l'autre.

— C'est moi ! explosa Benjamin. Je suis en première année.

— Quoi ? !

— Je suis en première année.

— Vous plaisantez ?

— Absolument pas. »

Le responsable de la scolarité fronça les sourcils et jeta un regard sur une fiche posée devant lui. « Mais il est écrit ici que Mr. Benjamin Button est âgé de dix-huit ans.

— C'est mon âge », affirma Benjamin, rougissant légèrement.

Le responsable de la scolarité lui lança un regard soupçonneux. « Allons, Mr. Button, vous ne pensez tout de même pas que je vais vous croire ? »

Benjamin eut un sourire las. « J'ai dix-huit ans », répéta-t-il.

Le responsable de la scolarité lui montra la porte d'un air sévère. « Fichez-moi le camp, dit-il. Fichez-moi le camp de cette université et de cette ville. Vous êtes fou à lier.

— J'ai dix-huit ans. »

Mr. Hart ouvrit la porte. « Non mais quelle idée ! cria-t-il. Un homme de votre âge qui essaye d'entrer ici en se faisant passer pour un étudiant de première année. Dix-huit ans, vous dites ? Eh bien, je vous laisse dix-huit minutes pour quitter la ville. »

Benjamin Button sortit dignement du bureau,

tandis que cinq ou six étudiants, qui attendaient dans le hall, le suivaient des yeux, intrigués. Quand il eut fait quelques pas, il se retourna, fit face à son interlocuteur furieux, qui était resté devant la porte, et répéta d'une voix ferme : « J'ai dix-huit ans. »

C'est accompagné par le chœur de gloussements montant du groupe d'étudiants que Benjamin s'éloigna.

Mais le sort voulait qu'il ne s'en tirât pas comme ça. Alors qu'il rejoignait tristement la gare, il se rendit compte qu'il était suivi par un groupe, puis un essaim et, pour finir, une foule compacte d'étudiants. Le bruit avait couru qu'un fou avait réussi l'examen d'entrée à Yale et tenté de se faire passer pour un jeune de dix-huit ans. Une excitation fébrile gagnait toute l'université. On se ruait tête nue hors des salles de classe, l'équipe de football avait arrêté l'entraînement pour se joindre à la foule, des épouses de professeurs, le bonnet de guingois et la tournure de travers, couraient en criant pour rattraper le cortège, d'où fusait un flot continuel de remarques destinées à piquer la vive susceptibilité de Benjamin Button.

« C'est sûrement le Juif errant !

— Il devrait faire une classe préparatoire à son âge !

— Regardez l'enfant prodige !

— Il croyait que c'était l'asile de vieillards.

— Tente donc ta chance à Harvard ! »

Benjamin pressa le pas et se retrouva bientôt à courir. Il leur montrerait ! Il irait bel et bien à Harvard et alors ils regretteraient ces railleries hâtives !

Une fois monté sain et sauf à bord du train de Baltimore, il passa la tête par la fenêtre. « Vous le regretterez un jour ! cria-t-il.

— Ha ha ! ricanèrent les étudiants. Ha ha ha ! » C'était la plus grande erreur que l'université de Yale eût jamais commise…

V

En 1880, Benjamin Button eut vingt ans et son anniversaire fut marqué par son entrée dans la compagnie de son père, « Roger Button & Co., quincaillerie de gros ». C'est la même année qu'il commença à « aller dans le monde » – ce qui signifie que son père tint absolument à l'emmener à quelques bals en vue. Roger Button avait à présent cinquante ans et son fils et lui s'entendaient de mieux en mieux ; de fait, depuis que Benjamin avait cessé de se teindre les cheveux (toujours grisonnants), ils paraissaient avoir le même âge et auraient pu passer pour des frères.

Un soir du mois d'août, ils montèrent dans le phaéton, en tenue de soirée, pour se rendre à un bal qui se tenait dans la résidence d'été des Shevlin, située dans les environs de Baltimore. C'était une magnifique soirée. La route baignée par le clair de lune avait la couleur mate du platine et les fleurs tardives des moissons exhalaient dans l'air immobile des senteurs semblables à des rires sourds, à demi étouffés. La campagne, recouverte à des lieues à la ronde d'un tapis de blé luisant, était aussi visible qu'en plein jour. Il était presque impossible de ne pas se laisser émouvoir par la pure beauté du ciel – presque.

« La quincaillerie a un grand avenir devant elle », déclarait Roger Button. Ce n'était pas un homme porté à la spiritualité ; il n'avait pas un sens très développé de l'esthétique.

« Les vieux routiers comme moi ne sont pas taillés pour apprendre les nouvelles ficelles du métier, faisait-il observer. C'est à vous, les jeunes, avec votre énergie et votre vitalité, qu'appartient l'avenir. »

La route leur découvrit peu à peu les lumières de la résidence d'été des Shevlin au loin, et bientôt leur parvinrent des gémissements de plus en plus insistants, qui pouvaient aussi bien être l'exquise complainte de violons ou le bruissement des blés argentés dans le clair de lune.

Ils s'arrêtèrent derrière un élégant coupé dont les passagers mettaient pied à terre devant la porte. Une dame en sortit, suivie d'un monsieur âgé, puis d'une autre jeune femme, qui avait la beauté du diable. Benjamin tressaillit ; une modification presque chimique parut dissoudre et recomposer les particules mêmes de son corps. Une sensation de rigidité l'envahit, le sang afflua à ses joues, à son front, et un bourdonnement insistant se fit dans ses oreilles. Ce fut le coup de foudre.

La jeune fille, mince et frêle, avait des cheveux gris cendré dans le clair de lune et couleur miel à la lumière crachotante des lampes à gaz de la véranda. Ses épaules étaient enveloppées d'une mantille espagnole d'un jaune très pâle, piquetée de papillons noirs ; ses pieds étaient deux boutons scintillants près de l'ourlet de sa robe à crinoline.

Roger Button se pencha vers son fils. « C'est la jeune Hildegarde Moncrief, la fille du général Moncrief. »

Benjamin hocha la tête, impassible. « Joli brin de fille », commenta-t-il, sur un ton détaché. Mais, lorsque le boy noir se fut éloigné avec le boghei, il ajouta : « Papa, vous pourriez peut-être me présenter à elle. »

Ils s'approchèrent d'un groupe au centre duquel se trouvait Miss Moncrief. Élevée à l'ancienne mode, elle gratifia Benjamin d'une révérence plongeante. Oui, elle lui accordait une danse. Il la remercia et s'éloigna – tout chancelant.

Le laps de temps le séparant du moment où viendrait son tour s'étira interminablement. Il se tenait contre le mur, silencieux, insondable, jetant des regards assassins aux jeunes gandins de Baltimore qui tourbillonnaient autour de Hildegarde Moncrief, le visage enflammé par l'admiration. Ils étaient odieux à Benjamin, avec leur insupportable teint rosé ! Leurs favoris bruns frisés provoquaient chez lui une sensation voisine de l'indigestion.

Mais, lorsque vint son tour, au changement de cavalière, et qu'il entra en piste avec elle au son de la dernière valse à la mode à Paris, jalousies et appréhensions le quittèrent, fondant comme un manteau de neige. Aveuglé par le ravissement, il avait le sentiment que la vie ne faisait que commencer.

« Votre frère et vous êtes arrivés en même temps que nous, n'est-ce pas ? » demanda Hildegarde, levant vers lui des yeux pareils à des émaux bleus étincelants.

Benjamin hésita. Si elle le prenait pour le frère de son père, était-il préférable de l'éclairer ? Il se remémora l'épisode de Yale et résolut de n'en rien faire. Ce serait grossier de contredire une dame ; ce serait un crime de gâcher ce merveilleux moment en faisant le récit absurde de ses origines. Plus tard, peut-être. Il se contenta donc d'acquiescer, de sourire, d'écouter, d'être heureux.

« J'aime les hommes de votre âge, lui dit Hildegarde. Les jeunes gens sont tellement idiots. Ils me font le compte du champagne qu'ils boivent à l'université et de l'argent qu'ils perdent aux cartes. Les hommes de votre âge savent apprécier les femmes. »

Benjamin sentait qu'il n'était pas loin de la demander en mariage ; il fit un effort sur lui-même pour retenir son élan.

« Vous avez exactement l'âge romantique, poursuivit-elle, cinquante ans. À vingt-cinq ans, on est trop mondain ; à trente, on est guetté par le surmenage et souvent falot ; à quarante, on se lance dans des histoires sans fin, aussi longues que le temps qu'il faut pour fumer un cigare ; à soixante… oh, soixante ans est trop proche de soixante-dix ; mais cinquante ans, c'est l'âge mûr. J'adore cet âge-là. »

Cinquante ans semblait à Benjamin un âge splendide. Il désirait de toute son âme avoir cinquante ans.

« J'ai toujours dit, reprit Hildegarde, que je préférais épouser un homme de cinquante ans qui s'occuperait de moi plutôt qu'un homme de trente ans dont j'aurais à m'occuper. »

Benjamin passa le reste de la soirée à flotter dans une brume couleur miel. Hildegarde lui accorda deux autres danses et ils se trouvèrent merveilleusement en accord sur toutes les questions du moment. Il fut convenu qu'ils iraient faire une promenade en voiture le dimanche suivant et qu'ils reprendraient alors ces discussions.

Dans le phaéton qui le ramenait chez lui, juste avant le point du jour, alors que bourdonnaient les premières abeilles et que la fraîche rosée miroitait dans le clair de lune déclinant, Benjamin avait vaguement conscience que son père parlait de quincaillerie en gros.

« … et, d'après toi, qu'est-ce qui doit le plus retenir notre attention, en dehors des marteaux et des clous ? disait l'aîné des Button.

— Les amants, répondit distraitement Benjamin.

— Les aimants ? s'exclama Roger Button. Mais je viens d'évoquer la question… »

Benjamin le considéra, l'air hébété, au moment même où, à l'est, le ciel se fendait brusquement pour laisser jaillir la lumière et où un loriot laissait échapper un bâillement perçant dans la forêt qui s'éveillait…

VI

Lorsque, six mois plus tard, les fiançailles de Miss Hildegarde Moncrief avec Mr. Benjamin Button furent annoncées (je dis « furent annoncées » car le général Moncrief déclara qu'il préférait encore se faire passer lui-même par le fil de son épée plutôt que de les annoncer), une fièvre d'une ampleur inédite s'empara de la société de Baltimore. L'histoire, pour ainsi dire oubliée, de la naissance de Benjamin refit surface dans les mémoires et se vit propagée par un vent de scandale sous des formes proprement picaresques et incroyables. On raconta que Benjamin était en fait le père de Roger Button, que c'était son frère et qu'il avait fait quarante ans de prison, que c'était John Wilkes Booth sous une fausse identité – et, pour finir, qu'il avait deux petites cornes coniques qui lui sortaient de la tête.

Les suppléments du dimanche des journaux new-yorkais donnèrent du relief à l'affaire au moyen de dessins fascinants qui montraient la tête de Benjamin accolée à un poisson, à un serpent et, enfin, à un corps en bronze massif. Les journaux le baptisèrent l'Homme mystérieux du Maryland. Mais la véritable histoire, comme souvent en pareil cas, connut une diffusion très restreinte.

Quoi qu'il en soit, tout le monde était d'accord pour dire avec le général Moncrief que c'était un « crime » de la part d'une jeune fille, qui aurait pu épouser n'importe quel galant de Baltimore, de se jeter dans les bras d'un homme assurément âgé de cinquante ans. C'est en vain que Mr. Roger Button fit reproduire en gros caractères l'extrait d'acte de naissance de son fils dans le *Baltimore Blaze*. Personne n'y accorda foi. Il suffisait de regarder Benjamin pour se faire une opinion.

De la part des deux personnes le plus directement concernées, il n'y eut aucune hésitation. Tant des histoires qu'on racontait sur son fiancé étaient fausses qu'Hildegarde refusait avec obstination de croire à la vraie elle-même. C'est en vain que le général Moncrief attira son attention sur le taux élevé de mortalité chez les hommes de cinquante ans – ou, du moins, chez ceux qui les paraissaient ; c'est en vain qu'il souligna la fragilité du secteur de la quincaillerie de gros. Hildegarde avait choisi d'épouser la maturité… et elle l'épousa.

VII

Sur au moins un point en particulier, les amis d'Hildegarde Moncrief se trompaient. Le secteur de la quincaillerie de gros prospéra de façon spectaculaire. Durant les quinze années séparant le mariage de Benjamin Button, en 1880, et la retraite de son père, en 1895, la fortune de la famille fut multipliée par deux – et ce largement grâce au plus jeune des deux associés.

Il va sans dire que Baltimore finit par accueillir le jeune couple en son sein. Même le vieux général Moncrief se réconcilia avec son gendre lorsque Benjamin finança la publication de son *Histoire de la guerre de Sécession* en vingt volumes, refusée par neuf éditeurs de premier plan.

Chez Benjamin lui-même, ces quinze années avaient opéré de nombreux changements. Il lui semblait que le sang coulait avec une vigueur renouvelée dans ses veines. Il commençait à trouver du plaisir à se lever le matin, à remonter d'un pas alerte la rue animée et ensoleillée, à s'occuper inlassablement de ses chargements de marteaux et de ses cargaisons de clous. C'est en 1890 qu'il réalisa son célèbre coup commercial : il émit cette idée que « tous les clous utilisés pour clouer les caisses dans lesquelles les clous sont expédiés sont la propriété de l'expéditeur », proposition qui devint loi, fut approuvée par le juge Fossile, président de la Cour suprême, et permit à « Roger Button & Co., quincaillerie de gros » d'économiser plus de… six cents clous par an.

En outre, Benjamin découvrait qu'il était de plus en plus attiré par le côté amusant de la vie. Son enthousiasme croissant pour le plaisir se trouva notamment révélé par le fait qu'il fut le premier habitant de Baltimore à posséder et conduire une automobile. Quand ils le croisaient dans la rue, ses contemporains posaient fréquemment un regard envieux sur l'image de santé et de vitalité qu'il renvoyait.

« On dirait qu'il rajeunit d'année en année », faisaient-ils observer. Et, si le vieux Roger Button, alors âgé de soixante-cinq ans, n'avait pas su à l'origine accueillir son fils comme il convenait, il se rachetait enfin en lui vouant une véritable adoration.

Nous en arrivons maintenant à une question fâcheuse sur laquelle il sera bon de s'attarder le moins possible. Une seule chose souciait Benjamin Button : sa femme avait cessé de l'attirer.

À l'époque, Hildegarde avait trente-cinq ans, et un fils, Roscoe, âgé de quatorze ans. Aux premiers temps de leur union, Benjamin l'avait vénérée. Mais, les années passant, ses cheveux couleur miel devinrent d'un châtain terne, l'émail bleu de ses yeux prit l'aspect d'une faïence de médiocre qualité et, plus grave encore, elle se montrait désormais trop établie dans ses manières, trop placide, trop satisfaite, trop anémiée dans ses envies, trop sobre dans ses goûts. Jeune mariée, c'était elle qui avait « traîné » Benjamin à des bals et à des dîners ; la situation s'était maintenant inversée. Elle allait dans le monde avec lui, mais sans enthousiasme, déjà rongée par cette éternelle inertie qui s'installe en nous un beau jour et ne nous quitte plus jusqu'à la fin.

L'insatisfaction de Benjamin grandit. Lorsque

la guerre hispano-américaine se déclencha en 1898, son foyer avait si peu d'attrait à ses yeux qu'il décida de s'engager dans l'armée. Sa stature professionnelle lui permit d'être nommé au grade de capitaine et il fit montre d'une telle capacité d'adaptation qu'on le fit commandant et, pour finir, lieutenant-colonel, juste à temps pour qu'il participe à la célèbre bataille de San Juan. Il fut légèrement blessé et on le décora.

Benjamin s'était tellement attaché à l'animation et à l'excitation de la vie militaire qu'il regrettait d'y renoncer, mais son commerce requérait son attention, si bien qu'il démissionna et rentra chez lui. Il fut accueilli à la gare par une fanfare, qui l'escorta jusqu'à sa maison.

VIII

Hildegarde l'attendait sur la véranda en agitant un grand drapeau de soie et, alors même qu'il l'embrassait, il se rendit compte, le cœur serré, que ces trois années avaient fait des ravages. C'était à présent une femme de quarante ans, dans la chevelure de laquelle un rang discret de cheveux gris venait porter l'escarmouche. La découverte le laissa accablé.

Dans sa chambre à l'étage, il aperçut son reflet

dans le miroir familier ; il s'approcha et scruta avec appréhension son propre visage, qu'il compara au bout d'un moment avec un cliché de lui-même en uniforme pris juste avant la guerre.

« Bon sang ! » s'exclama-t-il tout haut. Le processus se poursuivait. Il n'y avait pas le moindre doute : il avait à présent l'apparence d'un homme de trente ans. Loin d'être ravi, il était embarrassé : il rajeunissait. Il avait espéré jusque-là que, une fois atteint l'âge physique correspondant au nombre de ses années, le phénomène absurde qui avait marqué sa naissance cesserait d'opérer. Il frissonna. Son destin lui paraissait terrible, incroyable.

Lorsqu'il redescendit, Hildegarde l'attendait. Elle paraissait contrariée et il se demanda si elle avait enfin découvert que quelque chose clochait. C'est dans un effort pour apaiser la tension perceptible entre eux qu'il aborda le sujet au dîner avec ce qu'il estimait être du tact.

« Eh bien, fit-il observer d'un ton dégagé, tout le monde dit que j'ai l'air plus jeune que jamais. »

Hildegarde lui jeta un regard méprisant. Elle fit la moue. « Tu trouves qu'il y a de quoi s'en vanter ?

— Je ne me vante pas », protesta-t-il, mal à l'aise.

Elle fit de nouveau la moue. « Quelle idée ! » dit-elle, ajoutant au bout d'un moment : « Je pensais que tu aurais suffisamment d'amour-propre pour y mettre fin.

— Mais comment ?

— Je n'ai pas envie de me quereller avec toi, répliqua-t-elle. Mais on peut faire les choses de façon convenable ou pas. Si tu as décidé de ne pas être comme tout le monde, je ne vois pas comment je pourrais t'en empêcher, mais je ne trouve vraiment pas cela très délicat.

— Mais, Hildegarde, je n'y peux rien.

— Bien sûr que si. Mais tu es entêté. Tu juges inutile d'être comme tout le monde. Tu as toujours été comme ça, et cela ne changera pas. Mais si tout le monde voyait les choses comme toi, tu imagines ce que serait le monde ? »

Comme c'était un argument inepte auquel il n'y avait rien à opposer, Benjamin ne répondit pas et, à dater de ce moment-là, un abîme se creusa peu à peu entre eux. Il se demandait ce qui avait bien pu le fasciner chez elle jadis.

Pour ajouter à la rupture, il se découvrit, alors que le siècle nouveau prenait son essor, un appétit grandissant pour les réjouissances. Il n'y avait pas une réception à Baltimore, de quelque nature qu'elle fût, où l'on ne le vît pas, dansant avec les plus jolies et les plus jeunes des femmes mariées, bavardant avec les plus courtisées des débutantes et trouvant leur compagnie charmante, tandis que son épouse, douairière de sinistre augure, restait assise avec les chaperons, le gratifiant tantôt d'une réprobation hautaine, tantôt de regards graves, perplexes, accusateurs.

« Voyez ça ! commentaient les gens. Quelle tristesse ! Un garçon de cet âge lié à une femme de quarante-cinq ans. Il doit bien avoir vingt ans de moins qu'elle. » Ils avaient oublié – les gens oublient inévitablement – que ce couple si mal assorti avait déjà fait l'objet, en 1880, de remarques de la part de leurs mères et pères.

L'insatisfaction croissante de Benjamin quant à sa vie domestique était compensée par la multiplicité de ses nouveaux engouements. Il se mit au golf, où il excella. Il se lança dans la pratique de la danse : en 1906, c'était un spécialiste du boston, en 1908, il était jugé très compétent pour la matchiche, tandis qu'en 1909 son Castle Walk excitait l'envie de tous les jeunes gens de la ville.

Naturellement, sa vie mondaine interférait dans une certaine mesure avec son commerce, mais, d'un autre côté, il avait travaillé d'arrache-pied dans la quincaillerie de gros pendant vingt-cinq ans et se disait qu'il pourrait bientôt céder son affaire à son fils, Roscoe, qui venait de terminer ses études à Harvard.

Il n'était pas rare, du reste, qu'on les prît l'un pour l'autre, son fils et lui. Cela ne déplaisait pas à Benjamin, qui avait vite oublié la peur insidieuse qui l'avait envahi à son retour de la guerre hispano-américaine et qui tirait désormais un plaisir candide de son apparence. Il n'y avait qu'une ombre à ce charmant tableau : il détestait apparaître en public au côté de sa femme. Hildegarde avait presque cinquante ans et sa seule vue lui donnait un sentiment d'absurdité...

IX

Un jour de septembre 1910 – quelques années après la cession de « Roger Button & Co., quincaillerie de gros » au jeune Roscoe Button –, un homme, apparemment âgé d'une vingtaine d'années, s'inscrivit en première année à l'université de Harvard, à Cambridge. Il ne commit pas l'erreur de signaler qu'il n'atteindrait pas de nouveau cinquante ans, ni de mentionner le fait que son fils était sorti dix ans plus tôt, diplôme en poche, de ce même établissement.

Il fut admis et se tailla presque immédiatement une place de choix dans sa promotion, en partie parce qu'il paraissait un peu plus âgé que les autres étudiants de première année, dont la moyenne d'âge tournait autour de dix-huit ans.

Mais son succès tenait largement au fait que, lors du match de football contre Yale, il joua avec tant de brio, avec tant de panache et de rage froide, implacable, qu'il marqua sept essais et quatorze bottés de placement pour le compte de Harvard et valut aux onze joueurs de Yale d'être sortis un à un, inconscients, du terrain. Il devint l'étudiant le plus célèbre de l'université.

Curieusement, arrivé en troisième année, il fut autorisé de justesse à « intégrer » l'équipe. Les entraîneurs arguèrent qu'il avait perdu du poids et il sembla aux plus observateurs d'entre eux qu'il était moins grand qu'auparavant. Il ne marqua aucun essai – à vrai dire, on l'avait gardé dans l'équipe essentiellement dans l'espoir que sa réputation extraordinaire provoquerait terreur et désorganisation chez les joueurs de Yale.

En dernière année, il n'intégra même pas l'équipe. Il était devenu si mince et frêle qu'un jour des étudiants de deuxième année le prirent pour un première année, incident qui lui causa une humiliation terrible. Il se tailla la réputation d'être une sorte de prodige – un étudiant de dernière année qui devait avoir à peine seize ans – et se trouvait fréquemment stupéfait par l'expérience de certains de ses camarades de classe. Ses études lui paraissaient plus difficiles ; il trouvait le niveau trop élevé. Il avait entendu ses camarades parler de St. Midas, la célèbre école, où nombre d'entre eux s'étaient préparés pour entrer à l'université, et il résolut, une fois qu'il aurait son diplôme, de s'inscrire à St. Midas, où il pourrait profiter agréablement d'un environnement protégé en compagnie de garçons de sa taille.

À la fin de l'année universitaire, en 1914, il rentra à Baltimore avec son diplôme de Harvard en poche. Hildegarde vivait désormais en Italie, si bien qu'il s'installa chez son fils, Roscoe. Mais, quoiqu'on lui fît bon accueil de manière générale, Roscoe ne se montrait pas particulièrement cordial à son égard et son fils avait même visiblement tendance à trouver Benjamin, qui traînait son ennui d'adolescent rêveur dans toute la maison, passablement encombrant. Roscoe était désormais marié et occupait une position en vue dans la société de Baltimore, et il ne voulait pas que sa famille soit entourée d'un parfum de scandale.

Benjamin, qui était devenu *persona non grata* parmi les débutantes et les jeunes étudiants, se trouva très esseulé, hormis la compagnie de trois ou quatre garçons d'une quinzaine d'années habitant le quartier. Son projet d'aller à St. Midas lui revint.

« Dis, rappela-t-il un jour à Roscoe, je t'ai déjà dit plusieurs fois que je voulais faire une classe préparatoire.

— Eh bien, vas-y, alors », répondit sèchement Roscoe. Le sujet lui déplaisait et il voulait éviter toute discussion.

« Je ne peux pas y aller seul, répondit Benjamin, impuissant. Il faut que tu m'inscrives et que tu m'accompagnes là-bas.

— Je n'ai pas le temps », déclara Roscoe d'un ton brusque. Il plissa les yeux et jeta un regard embarrassé à son père. « D'ailleurs, ajouta-t-il, tu ferais bien d'en finir au plus tôt avec tout ça. Tu ferais bien de t'arrêter net. Tu ferais bien… tu ferais bien… » Il s'interrompit et son visage s'empourpra tandis qu'il cherchait ses mots : « Tu ferais bien de faire demi-tour et de repartir dans l'autre sens. Cette histoire est allée trop loin pour continuer d'être drôle. La plaisanterie a assez duré. Tiens-toi… tiens-toi bien ! »

Benjamin le regarda, au bord des larmes.

« Et autre chose, poursuivit Roscoe, quand il y a du monde à la maison, je veux que tu m'appelles "mon oncle", pas "Roscoe", mais "mon oncle", tu entends ? Il est ridicule qu'un gamin de quinze ans m'appelle par mon prénom. Tu ferais peut-être mieux de m'appeler "mon oncle" tout le temps, pour t'habituer. »

Après avoir jeté un regard sévère à son père, Roscoe tourna les talons…

X

Cette conversation terminée, Benjamin gagna l'étage d'un pas nonchalant, l'air sombre, et se contempla dans le miroir. Il ne s'était pas rasé depuis trois mois, mais il ne trouvait trace de rien d'autre sur son visage qu'un léger duvet blanc auquel il ne paraissait pas nécessaire de toucher. À son retour de Harvard, il s'était vu proposer par Roscoe de porter des lunettes et un postiche collé aux joues, et il avait semblé brièvement possible que la farce de ses premières années puisse se répéter. Mais le postiche le démangeait et lui faisait honte. Roscoe avait cédé de mauvaise grâce devant ses pleurs.

Benjamin ouvrit un livre d'histoires pour adolescents, *Les Éclaireurs de Bimini Bay*, et se mit à lire. Mais son esprit était constamment distrait par la guerre. L'Amérique y était entrée un mois plus tôt, aux côtés des Alliés, et Benjamin voulait s'engager, mais, malheureusement, il fallait avoir au moins seize ans et il ne paraissait pas cet âge. Son véritable âge, cinquante-sept ans, l'aurait rendu inapte au combat, quoi qu'il en soit.

On frappa à la porte et le majordome apparut avec une lettre portant un en-tête officiel imposant, adressée à Mr. Benjamin Button. Benjamin déchira l'enveloppe en hâte et en lut le contenu avec ravissement. On l'informait que de nombreux officiers de réserve ayant combattu pendant la guerre hispano-américaine étaient rappelés sous les drapeaux et élevés à des grades supérieurs, et l'enveloppe contenait sa nomination au grade de général de brigade de l'armée américaine avec ordre de rallier immédiatement son unité.

Benjamin se leva d'un bond, tout frémissant d'enthousiasme. C'était ce qu'il voulait. Il attrapa sa casquette et, dix minutes plus tard, il entrait dans un imposant magasin de confection de Charles Street et demandait de sa voix aiguë mal stabilisée qu'on prenne ses mesures pour un uniforme.

« On veut jouer au soldat, mon garçon ? » demanda un commis, sur un ton désinvolte.

Benjamin rougit. « Dites donc ! Peu importe ce que je veux ! répliqua-t-il, furieux. Je m'appelle Button et j'habite Mount Vernon Place, au cas où vous vous demanderiez si je suis un client sûr.

— Eh bien, reconnut le commis, hésitant, si vous ne l'êtes pas, j'imagine que votre père l'est, suffisamment. »

On prit les mesures de Benjamin et, une semaine plus tard, son uniforme était prêt. Il eut du mal à obtenir les insignes convenant à un général car le tailleur s'entêtait à faire valoir à Benjamin qu'un joli écusson Y.W.C.A. rendrait tout aussi bien et serait beaucoup plus drôle à porter.

Sans rien dire à Roscoe, il quitta la maison un soir et se rendit en train au camp Mosby, en Caroline du Sud, où il devait prendre le commandement d'une brigade d'infanterie. Par une journée d'avril suffocante, il arriva à l'entrée du camp, régla le chauffeur de taxi qui l'avait amené de la gare et se tourna vers la sentinelle de garde.

« Faites prendre mes bagages ! » dit-il d'un ton brusque.

La sentinelle lui jeta un regard réprobateur. « Dis-moi, tu vas où comme ça, mon garçon, sapé comme un général ? »

Benjamin, vétéran de la guerre hispano-américaine, pivota sur ses talons et le fusilla du regard, sans se départir, malheureusement, de cette voix aiguë qui muait.

« Garde à vous ! » s'efforça-t-il de tonner ; il s'interrompit pour reprendre son souffle… et vit tout à coup la sentinelle claquer des talons et présenter les armes. Benjamin dissimula un sourire de satisfaction, mais, lorsqu'il se retourna, son sourire s'évanouit. Ce n'était pas lui qui avait inspiré ce geste d'obéissance, mais un colonel d'artillerie imposant qui arrivait à cheval.

« Colonel ! » appela Benjamin d'une voix stridente.

Le colonel s'approcha, tira sur sa bride et le toisa tranquillement avec un pétillement malicieux dans les yeux. « Qui est ton papa, mon petit ? demanda-t-il gentiment.

— Vous allez voir un peu qui est mon papa ! répliqua Benjamin d'une voix féroce. Descendez de ce cheval ! »

Le colonel hurla de rire.

« Vous aimeriez bien l'avoir, hein, général ?

— Tenez ! cria Benjamin, au désespoir. Lisez ça. » Et il tendit brutalement son brevet de nomination au colonel.

Le colonel le lut, avec des yeux exorbités.

« Où as-tu eu ça ? » demanda-t-il, glissant le document dans sa poche.

« Ça vient du gouvernement et vous n'allez pas tarder à vous en rendre compte !

— Viens avec moi », dit le colonel avec un regard un peu bizarre. « On va aller discuter de tout ça au quartier général. Viens. »

Le colonel tourna bride et prit la direction du quartier général. Benjamin n'avait d'autre choix que de le suivre le plus dignement possible, tout en se promettant une âpre revanche.

Mais cette revanche ne se concrétisa pas. Deux jours plus tard, quoi qu'il en soit, c'est son fils Roscoe qui se concrétisa, échauffé et courroucé par ce voyage précipité depuis Baltimore, pour escorter jusque chez lui le général en larmes, et sans uniforme.

XI

En 1920, Roscoe Button eut son premier enfant. Au cours des réjouissances qui s'ensuivirent, personne ne jugea « opportun » de mentionner que le petit garçon crasseux, visiblement âgé d'une dizaine d'années, qui s'amusait dans la maison avec des soldats de plomb et un cirque miniature, était le grand-père du nouveau-né.

Personne n'avait d'aversion particulière pour le garçonnet au teint frais et à la mine réjouie, à peine assombrie par un soupçon de mélancolie, mais sa présence mettait Roscoe Button au supplice. Dans les termes en vogue chez ses contemporains, Roscoe ne trouvait pas la situation « productive ». Il lui semblait que son père, en refusant de paraître ses soixante ans, ne se conduisait pas comme un « homme avec de la trempe » – c'était son expression favorite –, mais d'une manière étrange et perverse. De fait, il suffisait qu'il réfléchisse à la question une demi-heure pour devenir comme fou. Roscoe pensait que les gens « montés sur un ressort » devaient rester jeunes, mais à une telle échelle, c'était… c'était… contre-productif. Et il s'en tenait à ça.

Cinq ans plus tard, le petit garçon de Roscoe était en âge de jouer à des jeux d'enfant avec le petit Benjamin, sous la surveillance de la même bonne. Roscoe les fit entrer au jardin d'enfants le même jour et Benjamin trouva que jouer avec des petites bandes de papier de couleur, tisser des napperons, faire des colliers et des beaux dessins étranges était l'occupation la plus fascinante du monde. Un jour qu'il ne se tenait pas bien, il dut aller au coin, où il se mit à pleurer, mais pour l'essentiel il passait joyeusement le temps dans cette pièce gaie et ensoleillée, tandis que Miss Bailey caressait gentiment de temps à autre ses cheveux ébouriffés.

Le fils de Roscoe entra à l'école élémentaire au bout d'un an, mais Benjamin resta au jardin d'enfants. Il était très heureux. Parfois, lorsque les autres bambins parlaient de ce qu'ils feraient quand ils seraient plus grands, sa petite mine s'assombrissait, comme s'il se rendait compte obscurément, à sa manière enfantine, que c'était là des choses qu'il ne connaîtrait jamais.

Les jours s'écoulaient, monotones. Il retourna au jardin d'enfants pour une troisième année, mais il était désormais trop petit pour comprendre à quoi servaient les bandes de papier colorées et brillantes. Il pleurait parce que les autres enfants étaient plus forts que lui et qu'il avait peur d'eux. La maîtresse lui parlait, mais il avait beau essayer de comprendre, il n'y arrivait pas.

On le retira du jardin d'enfants. Sa bonne, Nana, dans sa robe vichy amidonnée, devint le centre de son tout petit monde. Les jours de beau temps, ils se promenaient dans le parc ; Nana lui montrait un gros monstre gris en disant « éléphant » et Benjamin répétait le mot, et n'en finissait plus de le répéter tout haut le soir de nouveau tandis qu'on le déshabillait avant de le coucher : « Éliphant, éliphant, éliphant. » Quelquefois, Nana le laissait sauter sur le lit, ce qui était amusant parce que, si l'on s'asseyait comme il fallait, on se retrouvait debout après avoir rebondi et, si l'on disait « Ah » longtemps en sautant, il en sortait un son entrecoupé très agréable.

Il adorait sortir une canne du portemanteau, avec laquelle il se promenait en donnant des coups sur les chaises et les tables, en disant : « Poum, poum, poum. » Quand il y avait du monde, les vieilles dames le regardaient en gloussant, ce qui l'intéressait, et les plus jeunes essayaient de lui donner un baiser, ce à quoi il se prêtait avec un air gentiment ennuyé. Et, quand la longue journée se terminait à 5 heures, il montait avec Nana, qui lui donnait du porridge et des bonnes bouillies veloutées à la cuiller.

Son sommeil d'enfant n'était troublé par aucun souvenir ; rien ne lui rappelait les beaux jours de l'université, les fabuleuses années où il faisait palpiter le cœur de bien des jeunes filles. Il n'y avait que les parois blanches et protectrices de son berceau, Nana et un monsieur qui venait le voir de temps à autre, et une grosse boule orange que Nana lui montrait juste avant de le coucher au crépuscule et qu'elle appelait « soleil ». Quand le soleil disparaissait, ses yeux tombaient de sommeil ; il n'y avait pas de rêves, pas de rêves pour venir le hanter.

Le passé – la folle charge à la tête de ses hommes sur la colline de San Juan ; ses premières années de mariage, lorsqu'il restait travailler tard le soir, l'été, dans la ville animée, pour la jeune Hildegarde qu'il aimait ; l'époque plus lointaine encore où il restait à fumer avec son grand-père à une heure avancée de la nuit, dans la vieille maison lugubre des Button sur Monroe Street – tout cela s'était effacé de son esprit, tels des rêves immatériels, comme si cela n'avait jamais existé.

Il ne se souvenait pas. Il ne se souvenait pas très bien si le lait était chaud ou froid dans son dernier biberon, ou du déroulement des journées ; il n'y avait que son berceau et la présence familière de Nana. Ensuite, il ne se souvint de rien. Quand il avait faim, il pleurait ; c'était tout. Jour et nuit, il respirait et au-dessus de lui il y avait des marmonnements et des murmures étouffés qu'il entendait à peine, et des odeurs aux différences ténues, et la lumière et le noir.

Ensuite, tout fut noir, et son berceau blanc et les visages indistincts qui s'agitaient au-dessus de lui, et l'arôme tiède et sucré du lait, s'effacèrent peu à peu tout à fait de son esprit.

La lie du bonheur

I

Si l'envie vous prenait de feuilleter les archives de vieux magazines remontant aux premières années de ce siècle, vous trouveriez, prise en sandwich entre les histoires de Richard Harding Davis, de Frank Norris et d'autres auteurs morts depuis longtemps, l'œuvre d'un certain Jeffrey Curtain : un ou deux romans et peut-être une quarantaine ou une cinquantaine de nouvelles. Vous pourriez, pour peu que cela vous intéresse, en suivre la trace jusqu'à, disons, 1908, date à laquelle ces textes disparaissent brusquement.

Une fois que vous auriez tout lu, vous seriez absolument convaincu qu'il n'y a là aucun chef-d'œuvre, mais des histoires assez distrayantes, un peu datées désormais, mais vraisemblablement du genre qui, à l'époque, aurait occupé une morne demi-heure dans un cabinet dentaire. L'auteur était raisonnablement intelligent, doué, prolixe, sans doute jeune. Dans les échantillons de sa prose que vous auriez trouvés, rien n'aurait éveillé en vous plus qu'un vague intérêt pour les aléas de la vie, en l'absence du moindre grand rire intérieur, du moindre sens de la futilité des choses ou du moindre soupçon de tragédie.

Après les avoir lues, vous rangeriez le numéro en question dans les archives avec un bâillement et vous décideriez peut-être, si vous étiez dans la salle de lecture d'une bibliothèque, de jeter un coup d'œil pour changer à un journal de l'époque afin de voir si les Japs avaient pris Port-Arthur. Mais, si le hasard voulait que vous choisissiez le bon journal et qu'il s'ouvrît à la page des spectacles, vous peineriez à en détacher vos yeux et, l'espace d'une minute au moins, vous auriez oublié Port-Arthur aussi vite que Château-Thierry. Car vous contempleriez, par l'effet d'un heureux hasard, le portrait d'une femme ravissante.

C'était l'époque de *Floradora* et des sextuors, des tailles pincées et des manches bouffantes, des semblants de crinolines et des authentiques tutus, mais devant vous se trouvait indubitablement, si dissimulée qu'elle fût par la raideur insolite de son tailleur démodé, la souveraine des papillons. Devant vous, la joie de vivre de l'époque : le velouté lie-de-vin des yeux, les chansons qui affolaient les cœurs, les toasts et les bouquets, les bals et les dîners. Devant vous, une Vénus des fiacres, la *Gibson Girl* dans toute sa splendeur. Devant vous…

... devant vous, apprenez-vous en regardant la légende, une certaine Roxanne Milbank, simple girl et doublure jusque-là dans *The Daisy Chain*, mais qui, à la faveur d'une excellente prestation quand la vedette s'était trouvée indisposée, avait obtenu un rôle de premier plan.

Vous la regarderiez de nouveau... étonné. De n'avoir jamais entendu parler d'elle. Pourquoi son nom n'était-il pas resté dans les chansons à succès et le comique boulevardier, sur les bagues de cigares et dans la mémoire de votre noceur de vieil oncle, au côté de ceux de Lillian Russell, Stella Mayhew et Anna Held ? Roxanne Milbank... qu'était-elle devenue ? Quelle trappe obscure avait bien pu s'ouvrir soudain et l'engloutir tout entière ? Son nom n'apparaissait pas, en tout cas, dans le dernier supplément du dimanche, parmi ceux des actrices mariées à des nobles anglais. Elle devait être morte – cette malheureuse, si jeune et si belle – et tout à fait oubliée.

J'en demande trop. Je voudrais que vous tombiez accidentellement sur les nouvelles de Jeffrey Curtain et sur le portrait de Roxanne Milbank. Il serait bien extraordinaire que vous trouviez un article de journal paru six mois plus tard, un simple entrefilet annonçant le mariage, dans l'intimité, de Miss Roxanne Milbank, en tournée avec *The Daisy Chain*, avec Mr. Jeffrey Curtain, l'écrivain à succès. « Mrs. Curtain, ajoutait-on sans commentaire, renonce à la scène. »

Ce fut un mariage d'amour. Lui était suffisamment gâté pour être charmant ; elle, assez ingénue pour être irrésistible. Tels deux rondins flottants, ils se heurtèrent de plein fouet, s'accrochèrent l'un à l'autre et poursuivirent leur course ensemble. Cependant, Jeffrey Curtain eût-il poursuivi sa carrière de plumitif une quarantaine d'années encore, il n'aurait pu introduire dans une de ses histoires retournement plus curieux que celui qu'il connut dans sa vie. Si Roxanne Milbank avait interprété trente personnages et rempli cinq mille salles, elle n'aurait jamais eu de rôle riche de plus de bonheur et de désespoir qu'il ne s'en trouvait dans le sort réservé à Roxanne Curtain.

Un an durant, ils vécurent à l'hôtel, en Californie, dans l'Alaska, en Floride, au Mexique, s'aimèrent et se disputèrent tendrement, savourant les merveilleux petits riens dont l'esprit de l'un allié à la beauté de l'autre les gratifiaient ; ils étaient jeunes et profondément passionnés, voulaient tout avant de renoncer à tout aussi bien, grisés par leur orgueil et leur générosité. Elle aimait sa voix au débit enlevé et sa folle jalousie, infondée. Il aimait son éclat sombre, l'iris blanc de ses yeux, la douce chaleur et le lustre de son sourire enchanté.

« Vous ne la trouvez pas délicieuse ? » demandait-il avec un enthousiasme rougissant. « Est-ce qu'elle n'est pas merveilleuse ? Avez-vous jamais vu…

— Oui », lui répondait-on, avec un grand sourire. « Une merveille. Vous avez de la chance. »

Une année s'écoula. Ils se lassèrent des hôtels. Ils achetèrent une vieille maison et dix hectares de terrain près de la petite ville de Marlowe, à une demi-heure de Chicago, firent l'acquisition d'une petite automobile et déménagèrent avec force tapage, en pionniers visionnaires à laisser coi Balboa en personne.

« Là, ce sera ta chambre ! » s'exclamaient-ils tour à tour.

Puis :

« Et là, ce sera la mienne !

— Et là, la chambre d'enfants, quand nous en aurons.

— Et nous construirons une véranda où nous pourrons dormir… disons, l'année prochaine. »

Ils emménagèrent en avril. En juillet, le meilleur ami de Jeffrey, Harry Cromwell, vint passer une semaine chez eux ; ils allèrent l'accueillir au bout de la longue pelouse et l'entraînèrent avec fierté vers la maison.

Harry était marié, lui aussi. Sa femme avait accouché six mois plus tôt et se trouvait toujours chez sa mère à New York, où elle se reposait. Roxanne savait par Jeffrey que la femme de Harry n'était pas aussi charmante que lui ; Jeffrey l'avait vue une fois et la jugeait… « superficielle ». Mais Harry était marié depuis près de deux ans et paraissait heureux, si bien que

Jeffrey supposait qu'elle n'était sans doute pas si mal…

« Je fais des petits gâteaux secs, déclara gravement Roxanne tout en bavardant. Est-ce que votre femme sait en faire ? La cuisinière m'apprend la recette. Je trouve que toutes les femmes devraient savoir faire des petits gâteaux. Cela a quelque chose de tellement désarmant. Une femme qui sait faire des petits gâteaux ne peut pas…

— Vous devriez venir vivre ici, dit Jeffrey. Vous trouver une maison à la campagne comme nous, où habiter, Kitty et toi.

— Tu ne connais pas Kitty. Elle déteste la campagne. Il lui faut ses théâtres et ses comédies de boulevard.

— Amène-la, reprit Jeffrey. Nous formerons une colonie. Il y a déjà tout un groupe de gens terriblement sympathiques. Amène-la ! »

Ils étaient arrivés devant le perron en bois et Roxanne désigna d'un geste rapide un bâtiment délabré sur la droite.

« Le garage, annonça-t-elle. Ce sera aussi le bureau de Jeffrey d'ici un mois. En attendant, nous dînons à 7 heures. Et, en attendant le dîner, je vais nous préparer un cocktail. »

Les deux hommes montèrent à l'étage – enfin, à mi-étage, car, arrivé au premier palier, Jeffrey laissa tomber la valise de son hôte et, dans ce qui tenait tout à la fois d'une question et d'un cri, s'exclama :

« Pour l'amour du Ciel, Harry, comment la trouves-tu ?

— Montons, répondit l'invité, et nous pourrons parler porte fermée. »

Une demi-heure plus tard, tandis qu'ils étaient assis dans la bibliothèque, Roxanne réapparut, arrivant de la cuisine avec, entre les mains, un plat de petits gâteaux secs. Jeffrey et Harry se levèrent.

« Ils sont magnifiques, ma chérie, dit le mari, avec pénétration.

— Exquis », murmura Harry.

Roxanne rayonnait.

« Goûtez-en un. Je ne pouvais me résoudre à y toucher avant que vous les ayez tous vus et je ne peux me résoudre à les rapporter avant de savoir le goût qu'ils ont.

— Un miracle, ma chérie. »

Dans un même élan, les deux hommes portèrent les gâteaux à leur bouche et se mirent timidement à les grignoter. Dans un même élan, ils s'efforcèrent de changer de sujet. Mais Roxanne, qui ne se laissait pas abuser, posa le plat pour attraper un gâteau. Une seconde plus tard, le verdict tombait, funeste et sans appel :

« Complètement ratés !

— Vraiment…

— Ah bon, je n'ai pas remarqué… »

Roxanne se mit à rire à gorge déployée.

« Oh, je ne suis bonne à rien, s'exclama-t-elle

tout en riant. Mets-moi à la porte, Jeffrey… je suis un parasite ; je ne vaux rien… »

Jeffrey passa un bras autour de ses épaules.

« Ma chérie, je vais manger tes gâteaux.

— Ils sont magnifiques, quoi qu'il en soit, poursuivit Roxanne.

— Ils sont… décoratifs », avança Harry.

Jeffrey le prit immédiatement au mot.

« C'est exactement ça. Ils sont décoratifs ; ce sont des chefs-d'œuvre. Nous allons nous en servir. »

Il se précipita à la cuisine et en revint avec un marteau et une poignée de clous.

« Nous allons nous en servir, bon sang, Roxanne ! Nous allons en faire une frise.

— Arrête ! gémit Roxanne. Et notre belle maison ?

— Aucune importance. Nous allons refaire la tapisserie de la bibliothèque en octobre. Tu as oublié ?

— Mais… »

Pan ! Le premier gâteau se retrouva empalé sur le mur, où il frémit un instant comme une créature vivante.

Pan !…

Lorsque Roxanne revint avec une deuxième tournée de cocktails, il y avait douze petits gâteaux alignés à l'horizontale, telle une collection de fers de lance primitifs.

« Roxanne, s'écria Jeffrey, tu es une artiste !

Cuisinière ? Ridicule ! Je vais te faire illustrer mes livres ! »

Pendant le dîner, le crépuscule vira à la pénombre, avant qu'une nuit étoilée ne gagnât les abords, tout habitée et pénétrée de la splendeur fragile qu'avait la robe blanche de Roxanne et de son rire aux vibrations sourdes.

C'est vraiment une petite fille, pensa Harry. Moins vieille que Kitty.

Il les compara. Kitty – sensible sans être émotive, du caractère sans être caractérielle, une femme qui semblait voleter sans jamais atterrir – et Roxanne, qui avait la jeunesse d'une nuit de printemps et tenait tout entière dans son rire adolescent.

Parfaite pour Jeffrey, songea-t-il encore. Deux êtres très jeunes, de ceux qui le restent jusqu'au moment où ils se retrouvent brusquement vieux.

Ces pensées lui venaient tandis qu'il pensait constamment à Kitty. Kitty lui donnait le vague à l'âme. De son point de vue, elle était suffisamment remise pour rentrer à Chicago et lui ramener son fils. Il pensait confusément à Kitty au moment de souhaiter une bonne nuit à son ami et à la femme de ce dernier au bas de l'escalier.

« Vous êtes notre premier vrai invité, lui lança Roxanne. Il y a de quoi être fier et exalté, non ? »

Lorsqu'il eut disparu dans le retour de l'escalier, elle se tourna vers Jeffrey, debout à côté d'elle, la main posée à l'extrémité de la rampe.

« Tu es fatigué, mon chéri ? »

Jeffrey se frotta le milieu du front.

« Un peu. Comment le sais-tu ?

— Allons, comment pourrais-je ignorer quoi que ce soit te concernant ?

— C'est une migraine, dit-il, maussade. Atroce. Je vais prendre de l'aspirine. »

Elle tendit le bras pour tourner l'interrupteur d'un geste sec et, tandis que Jeffrey l'enlaçait fermement par la taille, ils montèrent l'escalier côte à côte.

II

La semaine de Harry s'écoula. Ils se promenaient en automobile sur les chemins somnolents ou paressaient sur le lac ou sur la pelouse en bêtifiant joyeusement. Le soir, Roxanne leur jouait du piano à l'intérieur tandis que les cendres blanchissaient à l'extrémité rougeoyante de leur cigare. Puis arriva un télégramme de Kitty, qui demandait à Harry de venir la chercher dans l'Est, de sorte que Roxanne et Jeffrey restèrent seuls, dans cette intimité dont ils ne paraissaient jamais se lasser.

Ils retrouvèrent toute l'exaltation de ce « seuls ». Ils allaient et venaient dans la maison, chacun avec une perception aiguë de la présence de l'autre ; ils s'asseyaient du même côté de la table comme de jeunes mariés ; ils étaient profondément épris, profondément heureux.

La petite ville de Marlowe, quoique d'implantation assez ancienne, ne s'était dotée que depuis peu d'une « société ». Cinq ou six ans plus tôt, affolés par la croissance enfumée de Chicago, deux ou trois jeunes couples, en quête de « rusticité », avaient déménagé ; leurs amis avaient suivi. Les Jeffrey Curtain trouvèrent un « cercle » déjà constitué, prêt à les accueillir ; un country club, avec salle de bal et terrain de golf, s'offrait à eux, avec la ronde des soirées passées à jouer au bridge ou au poker, à boire de la bière ou à ne rien boire du tout.

C'est à une soirée de poker qu'ils se trouvaient une semaine après le départ de Harry. Il y avait deux tables, une bonne partie des jeunes épouses fumant et braillant au moment d'enchérir, avec des manières d'homme audacieuses pour l'époque.

Roxanne, qui avait rapidement abandonné la partie, vagabondait ; elle s'aventura à l'office, où elle parvint à mettre la main sur du jus de raisin – la bière lui donnait la migraine –, avant de passer de table en table, regardant les cartes des joueurs par-dessus leur épaule, sans perdre de vue Jeffrey, avec un contentement plaisamment placide. Jeffrey, profondément concentré, érigeait une pile de jetons multicolores et Roxanne comprenait, à voir la ride qui s'était creusée entre ses yeux, que le jeu l'intéressait. Elle aimait le voir s'intéresser à des petites choses.

Elle fit discrètement le tour de la table pour aller s'asseoir sur l'accoudoir de son fauteuil.

Elle resta assise là pendant cinq minutes, à écouter les commentaires acérés ponctuellement lâchés par les hommes et les papotages des femmes, qui montaient de la table comme une fumée légère – sans véritablement les entendre, ni les uns ni les autres. Puis, bien innocemment, elle tendit la main, dans l'intention de la poser sur l'épaule de Jeffrey ; comme elle l'atteignait, il tressaillit brusquement, poussa un bref grognement et, d'un revers rageur du bras, lui assena un coup oblique au coude.

Tout le monde en eut le souffle coupé. Roxanne retrouva son équilibre, laissa échapper un petit cri et se leva aussitôt. Elle n'avait jamais été aussi choquée de sa vie. Ce geste, venant de Jeffrey, la bonté, la prévenance mêmes – cette brutalité instinctive.

Le silence s'était fait. Six paires d'yeux observaient Jeffrey, qui regarda Roxanne comme s'il la voyait pour la première fois. La confusion se peignit sur son visage.

« Mais… Roxanne… » dit-il d'une voix hésitante.

Les esprits furent brusquement assaillis par un doute, un parfum de scandale. Se pouvait-il que les coulisses de ce couple, en apparence si énamouré, dissimulent quelque étrange aversion ? Pourquoi, sinon, un tel coup de tonnerre dans un ciel aussi serein ?

« Jeffrey ! » implorait la voix de Roxanne, interloquée et horrifiée, mais certaine qu'il s'agissait d'un malentendu. À aucun moment, elle ne songea à lui en faire reproche ou à lui en vouloir. Le mot résonnait d'une vibrante supplication : « Parle-moi, Jeffrey, disait-il, parle à Roxanne, ta Roxanne. »

« Mais, Roxanne… » reprit Jeffrey. De confuse, l'expression de son visage se fit douloureuse. Il était manifestement aussi interloqué qu'elle. « Ce n'était pas volontaire de ma part, poursuivit-il ; tu m'as surpris. Tu… j'ai eu l'impression qu'on m'attaquait. Je… comment… oh, quel imbécile !

— Jeffrey ! » Le mot résonna de nouveau comme une prière, encens offert à un Dieu distant par-delà les insondables ténèbres qui s'ouvraient.

Ils étaient tous deux debout à présent, faisant leurs adieux, balbutiant, s'excusant, expliquant. Il n'y eut aucune tentative de se dérober. Cela aurait été s'engager sur la voie du sacrilège. Jeffrey ne se sentait pas bien ces derniers temps, dirent-ils. Il était nerveux. Ils avaient l'un et l'autre à l'esprit l'horreur inexpliquée de ce coup, l'étonnement de voir, l'espace d'un instant, quelque chose s'immiscer entre eux, sa colère à lui et sa peur à elle, et à présent un chagrin partagé, momentané, sans aucun doute, mais qu'il importait de combler sur-le-champ, sur-le-champ, pendant qu'il était encore temps. Le courant rapide qui dévalait à leurs pieds faisait-il farouchement miroiter quelque abîme inconnu ?

Une fois qu'ils furent dans leur automobile, sous la lune des moissons, il se mit à parler d'une voix entrecoupée. C'était tout à fait… incompréhensible pour lui, dit-il. Il était pris par la partie de poker… absorbé par le jeu… et le contact sur son épaule lui avait fait l'effet d'une agression. Une agression ! Il se cramponna à ce mot, le brandissant comme un bouclier. Il avait été pris de haine pour ce qui le touchait. Le geste de la main qu'il avait eu l'avait balayée, cette chose… cette nervosité. C'est tout ce qu'il savait.

Leurs yeux à tous deux s'emplirent de larmes et ils se murmurèrent des mots d'amour, là, dans l'immensité de la nuit, tandis que défilaient les paisibles rues de Marlowe. Plus tard, lorsqu'ils se couchèrent, ils avaient retrouvé tout leur calme. Jeffrey devait se mettre en congé de tout pendant une semaine et se contenter de se prélasser, de dormir et de faire de longues promenades jusqu'à ce que cette nervosité l'ait quitté. Quand ils eurent pris cette décision, Roxanne fut gagnée par un sentiment de sécurité. Les oreillers se firent doux et amicaux ; le lit sur lequel ils étaient allongés lui parut vaste, blanc et solide, dans la lumière radieuse qui entrait à flots par la fenêtre.

Cinq jours plus tard, la fraîcheur de la fin d'après-midi tombant, Jeffrey attrapa une chaise en chêne et l'envoya à travers la vitre de sa fenêtre de façade. Puis il s'étendit sur le divan comme un enfant, sanglotant pitoyablement et suppliant qu'on le laisse mourir. Un caillot de sang de la taille d'une bille s'était formé dans son cerveau.

III

Il est des cauchemars éveillés qui s'installent quand on n'a pas dormi pendant un jour ou deux, cette impression qu'on peut avoir, dans un état de fatigue extrême à l'aube d'un jour nouveau, que la qualité de la vie alentour a changé. On éprouve la conviction pleine et entière que l'existence qu'on mène alors n'est en quelque sorte qu'une excroissance de la vie et ne s'y rattache qu'à la manière d'un film ou d'un miroir, les êtres, les rues et les maisons devenus la simple projection d'un passé particulièrement distant et chaotique. C'est dans un semblable état que Roxanne passa les premiers mois de la maladie de Jeffrey. Elle ne dormait que lorsqu'elle était absolument épuisée ; elle se réveillait sous un ciel chargé. Les longues consultations à mi-voix, les vagues relents de médicament dans les couloirs, les déplacements brusquement feutrés dans une maison qui avait résonné de tant de pas joyeux et, par-dessus tout, le visage livide de Jeffrey au milieu des oreillers sur le lit qu'ils avaient partagé : de tout cela elle sortit brisée, en ayant vieilli de manière indélébile. Les médecins gardaient espoir, mais c'était tout. Un long repos, recommandaient-ils, et du calme. Les responsabilités revinrent alors à Roxanne. C'est elle qui payait les factures, tenait les comptes, correspondait avec les éditeurs de Jeffrey. Elle passait son temps à la cuisine. L'infirmière lui ayant appris à préparer les repas du malade, c'est elle, au bout d'un mois, qui le prit entièrement en charge. Il lui avait fallu se séparer de l'infirmière pour faire des économies. Une des deux bonnes de couleur partit à la même époque. Roxanne se rendait compte qu'ils avaient vécu au jour le jour, grâce à la vente des textes de Jeffrey.

Le plus régulier de leurs visiteurs était Harry Cromwell. La nouvelle l'avait bouleversé et accablé, et, quoique sa femme habitât à présent avec lui à Chicago, il trouvait le temps de venir plusieurs fois par mois. Roxanne appréciait sa sollicitude ; l'homme était doté d'une propension à la souffrance, d'une pitié innée, qui lui rendaient sa compagnie agréable. Le caractère de Roxanne avait gagné en profondeur. Elle avait parfois le sentiment qu'avec Jeffrey c'était aussi ses enfants qu'elle perdait, ces enfants qui, à présent surtout, lui étaient nécessaires et qu'elle aurait dû avoir.

Six mois avaient passé depuis le malaise de Jeffrey et le cauchemar s'était estompé pour laisser subsister, non le monde d'autrefois, mais un monde nouveau, plus gris et plus froid, lorsqu'elle alla voir la femme de Harry. Comme elle était à Chicago et qu'elle avait une heure devant elle avant le départ du train, elle décida de lui rendre une visite de courtoisie.

En mettant le pied dans la maison, elle eut immédiatement l'impression de reconnaître dans l'appartement un lieu des plus familiers ; et elle se rappela pratiquement dans l'instant une pâtisserie de quartier de son enfance, une pâtisserie où se succédaient les rangées de gâteaux au glaçage rose, d'un rose suranné, rose bonbon, rose triomphal, vulgaire et odieux.

Et cet appartement était comme ça. Il était rose. Il sentait le rose !

Mrs. Cromwell, drapée dans un peignoir rose et noir, ouvrit la porte. Elle avait des cheveux blonds, d'un jaune que Roxanne imaginait ravivé toutes les semaines par un soupçon d'eau oxygénée au moment du rinçage. Ses yeux étaient d'un bleu cireux délavé ; elle était jolie et trop consciemment gracieuse. Elle se montrait d'une affabilité opiniâtre et familière : l'hostilité se muait si vite en hospitalité qu'on les eût dites, l'une et l'autre, contenues tout entières dans le visage et dans la voix, en l'absence de tout contact avec le noyau d'égotisme profondément enfoui.

Mais tout cela était secondaire aux yeux de Roxanne ; son regard ne se détachait pas du peignoir, qui la fascinait étrangement. Il était d'une saleté repoussante. Sur dix centimètres à partir de l'ourlet, il était purement et simplement encrassé par la poussière bleue du sol ; sur les huit centimètres suivants, il était gris, avant de retrouver peu à peu sa couleur naturelle, qui était… le rose. Il était également crasseux aux manches et au col ; et, quand la femme se tourna pour la guider vers le salon, Roxanne fut certaine qu'elle avait la nuque crasseuse.

La conversation s'engagea sur des jacasseries unilatérales. Mrs. Cromwell s'exprima sans détour sur ses goûts et ses dégoûts, sa tête, son ventre, ses dents, son appartement, en évitant avec une sorte d'application insolente toute association de Roxanne avec la vie, comme si elle imaginait Roxanne, dans son grand malheur, désireuse qu'on éludât soigneusement la vie.

Roxanne souriait. Ce kimono ! Cette nuque !

Au bout de cinq minutes, un petit garçon entra d'un pas hésitant dans le salon – un petit garçon crasseux vêtu d'une barboteuse rose crasseuse. Il avait le visage barbouillé ; Roxanne avait envie de le prendre sur ses genoux et de le moucher ; d'autres secteurs dans les parages de la tête réclamaient de l'attention, ses orteils dépassaient de ses minuscules chaussures. Indescriptible !

« Quel adorable petit garçon ! » s'exclama Roxanne, avec un sourire radieux. « Viens près de moi. »

Mrs. Cromwell considéra froidement son fils.

« Il ne peut pas s'empêcher de se salir. Regardez-moi cette tête ! » Elle appuya son visage sur une main et l'examina d'un œil critique.

« Il est vraiment adorable ! répéta Roxanne.

— Regardez-moi cette barboteuse, dit Mrs. Cromwell en fronçant les sourcils.

— Il a besoin d'être changé, n'est-ce pas, George ? »

George la dévisagea avec curiosité. Dans son esprit, le mot « barboteuse » était associé à un vêtement extrinsèquement maculé, comme celle-ci.

« J'ai essayé de lui donner une allure décente ce matin », se plaignit Mrs. Cromwell comme si sa patience avait été mise à rude épreuve, « et je me suis rendu compte qu'il n'avait plus de barboteuse… alors, plutôt que de le laisser aller sans rien, je lui ai remis celle-là… et cette tête…

— Combien en a-t-il ? » La voix de Roxanne était empreinte d'une curiosité aimable. Elle aurait tout aussi bien pu demander : « Combien d'éventails de plume possédez-vous ? »

« Oh… » Mrs. Cromwell réfléchit, plissant son joli front. « Cinq, je crois. Beaucoup, en tout cas.

— On en trouve à cinquante cents. »

Le regard de Mrs. Cromwell exprima de la surprise… et un soupçon de condescendance. Le prix des barboteuses !

« Vraiment ? Je l'ignorais. Il devrait en avoir bien assez, mais je n'ai pas trouvé une minute dans la semaine pour faire porter le linge chez la blanchisseuse. » Puis, écartant ce sujet qui paraissait déplacé : « Il faut que je vous montre certaines choses… »

Elles se levèrent et Roxanne la suivit, passant devant une salle de bains à la porte ouverte, dont le sol jonché de vêtements témoignait en effet de ce que le linge s'accumulait depuis un certain temps, avant de pénétrer dans une autre pièce qui était, pour ainsi dire, la quintessence de la rositude. C'était la chambre de Mrs. Cromwell.

Là, la maîtresse de maison ouvrit une penderie, découvrant à Roxanne une stupéfiante collection de lingerie. Il s'y trouvait des dizaines de merveilles vaporeuses de dentelle et de soie, toutes propres, impeccables, visiblement encore jamais portées. Suspendues à côté sur des cintres se trouvaient trois robes de soirée neuves.

« J'ai des choses magnifiques, dit Mrs. Cromwell, mais peu d'occasions de les porter. Harry n'aime pas sortir. » Le dépit perçait dans sa voix. « Il se satisfait pleinement de me laisser jouer les bonnes d'enfant et les ménagères toute la journée et les épouses aimantes le soir. »

Roxanne sourit de nouveau.

« Vous avez là des pièces magnifiques.

— Oui, c'est vrai. Je vais vous montrer, si vous voulez bien…

— Magnifiques, répéta Roxanne, l'interrompant, mais je dois filer si je veux attraper mon train. »

Elle sentait ses mains trembler. Elle avait envie de s'en servir sur cette femme et de la secouer, secouer. Elle avait envie de la voir enfermée quelque part et réduite à récurer le sol.

« Magnifiques, répéta-t-elle, mais je ne faisais que passer.

— Eh bien, je suis désolée que Harry ne soit pas là. »

Elles regagnèrent la porte.

« … et, au fait », dit Roxanne avec effort – même si elle avait toujours de la douceur dans la voix et le sourire aux lèvres – « je crois que c'est chez Argile qu'on trouve ces barboteuses. Au revoir. »

C'est seulement lorsqu'elle eut rejoint la gare

et acheté son billet pour Marlowe que Roxanne se rendit compte que, pour la première fois en six mois, l'espace de cinq minutes, son esprit s'était détaché de Jeffrey.

IV

Une semaine plus tard, Harry arriva à Marlowe, se présenta à l'improviste à 5 heures, remonta l'allée et se laissa tomber, épuisé, sur un fauteuil de la véranda. Roxanne avait eu de son côté une journée chargée et elle était exténuée. Les médecins devaient venir à 5 heures et demie, accompagnés d'un neurologue new-yorkais réputé. Elle était agitée et profondément déprimée, mais le regard de Harry l'incita à s'asseoir à côté de lui.

« Que se passe-t-il ?

— Rien, Roxanne, mentit-il. Je suis venu voir comment Jeff se portait. Ne vous en faites pas pour moi.

— Harry, poursuivit Roxanne, insistante, il s'est passé quelque chose.

— Rien, répéta-t-il. Comment va Jeff ? »

Le visage inquiet de Roxanne s'assombrit.

« Son état s'est légèrement aggravé, Harry. Le docteur Jewett a fait le voyage depuis New

York. De l'avis des médecins, il pourrait être en mesure de me dire quelque chose de précis. Il va essayer de savoir si cette paralysie a un lien quelconque avec le caillot de sang du début. »

Harry se leva.

« Oh, je suis désolé, dit-il d'une voix entrecoupée. J'ignorais que vous attendiez une consultation. Je ne serais pas venu. Je pensais juste passer une heure sur votre véranda à me laisser bercer...

— Asseyez-vous », ordonna-t-elle.

Harry hésita.

« Asseyez-vous, Harry, mon bon ami. » Elle débordait à présent d'une bonté qui l'enveloppait. « Je sais qu'il s'est passé quelque chose. Vous êtes blanc comme un linge. Je vais aller vous chercher une bouteille de bière fraîche. »

Il s'effondra aussitôt dans son fauteuil et enfouit son visage dans ses mains.

« Je n'arrive pas à la rendre heureuse, dit-il lentement. J'ai vraiment essayé. Ce matin, nous nous sommes disputés au sujet du petit déjeuner – je prenais mon petit déjeuner en ville ces derniers temps – et... eh bien, dès que je suis parti pour le bureau, elle a quitté la maison pour aller chez sa mère dans l'Est, en emmenant George et une valise remplie de dessous en dentelle.

— Harry !

— Et je ne sais pas... »

Le gravier crissa, une voiture apparut au

tournant de l'allée. Roxanne laissa échapper un petit cri.

« C'est le docteur Jewett.

— Oh, mais je vais…

— Vous allez attendre, n'est-ce pas ? » coupa-t-elle distraitement. Il vit que ses soucis à lui avaient déjà disparu de la surface troublée de son esprit.

S'ensuivit un moment embarrassant de vagues présentations écourtées, après quoi Harry entra à la suite des autres et les regarda disparaître dans l'escalier. Il pénétra dans la bibliothèque et s'assit sur l'imposant canapé.

Il passa une heure à regarder le soleil gagner lentement sur les plis à motifs des rideaux de chintz. Dans le profond silence qui régnait, le bourdonnement d'une guêpe prise au piège derrière une vitre prit les proportions d'un vacarme. De temps en temps, un autre bourdonnement s'échappait de l'étage, pareil à une nuée de guêpes plus grandes retenues derrière de plus grandes vitres. Il entendit des pas feutrés, des flacons qui s'entrechoquaient, le vacarme de l'eau qu'on versait.

Qu'avaient-ils fait, Roxanne et lui, pour que la vie leur assène ces terribles coups ? En haut se déroulait une autopsie à vif de l'âme de son ami ; il était assis là dans une pièce silencieuse à écouter les plaintes d'une guêpe, tout comme, enfant, il avait été contraint par une tante sévère à rester assis des heures durant à se repentir de quelque écart de conduite. Mais qui l'avait mis là ? Quelle redoutable tante s'était penchée depuis les cieux pour l'obliger à se repentir… et de quoi ?

Au sujet de Kitty, il ressentait une profonde impuissance. Elle coûtait trop cher : c'était là l'irrémédiable problème. Soudain, il la détesta. Il avait envie de la jeter à terre et de la rouer de coups de pied ; de lui dire qu'elle était une tricheuse et une sangsue ; qu'elle était sale. Qui plus est, elle devait lui rendre son fils.

Il se leva et se mit à faire les cent pas dans la pièce. Au même moment, il entendit quelqu'un qui se mettait à arpenter le couloir de l'étage au même rythme que lui. Il se prit à se demander s'ils allaient marcher en mesure jusqu'à ce que cette personne ait atteint le bout du couloir.

Kitty était partie chez sa mère. La pauvre, avec une mère comme ça ! Il essaya d'imaginer les retrouvailles : la femme humiliée s'effondrant dans le giron de sa mère. En vain. Il était inconcevable que Kitty pût éprouver un chagrin profond. Il en était peu à peu arrivé à la percevoir comme quelque chose d'inaccessible et d'insensible. Elle obtiendrait le divorce, naturellement, et finirait par se remarier. Il se mit à réfléchir à cette éventualité. Qui épouserait-elle ? Il fut pris d'un rire amer, s'arrêta ; une image le traversa brusquement : les bras de Kitty passés autour d'un homme dont il ne voyait pas le visage, les lèvres de Kitty pressées contre d'autres lèvres dans un élan probable de passion.

« Mon Dieu ! s'écria-t-il tout haut. Mon Dieu ! Mon Dieu ! Mon Dieu ! »

Puis ce fut une avalanche d'images. La Kitty du matin s'estompa ; le kimono taché se roula en boule et disparut ; les moues, les colères et les larmes furent toutes balayées. Elle redevint Kitty Carr – Kitty Carr aux cheveux blonds et aux grands yeux d'enfant. Ah, elle l'avait aimé, elle l'avait aimé.

Au bout d'un moment, il se rendit compte que quelque chose n'allait pas, qui n'avait rien à voir avec Kitty ou Jeff, quelque chose d'un autre ordre. Curieusement, il finit par avoir une brusque illumination : il avait faim. C'était aussi simple que ça ! Il allait se diriger vers la cuisine sans tarder pour demander un sandwich à la cuisinière de couleur. Après, il lui faudrait regagner la ville.

Il s'arrêta devant le mur, tira sur quelque chose de rond et tripota distraitement la chose avant de la porter à sa bouche et de la goûter comme un bébé goûte un jouet coloré. Sa mâchoire se referma… Ah !

Elle avait laissé ce fichu kimono, ce kimono rose crasseux. Elle aurait pu avoir la décence de l'emporter avec elle, se dit-il. Il allait pendre dans la maison comme le cadavre de leur alliance moribonde. Il essaierait de s'en débarrasser, sans jamais pouvoir se résoudre à le toucher. Le kimono serait comme Kitty, doux et malléable, donc insensible. On ne pouvait toucher Kitty ; on ne pouvait atteindre Kitty. Il n'y avait rien à atteindre. Il le savait très bien ; il l'avait toujours su.

Il tendit la main vers le mur pour attraper un autre gâteau sec et parvint avec effort à l'arracher, clou compris. Il retira soigneusement le clou du milieu du gâteau, en se demandant vaguement s'il avait mangé le clou en même temps que le premier gâteau. Ridicule ! Il s'en serait souvenu : c'était un clou énorme. Il se palpa le ventre. Il devait avoir très faim. Il essaya de réfléchir, de se rappeler : la veille, il n'avait pas dîné. C'était le jour de congé de la bonne et Kitty était restée allongée dans sa chambre à manger des pastilles en chocolat. Elle avait dit se sentir « oppressée » et ne pas supporter sa présence. Il avait donné un bain à George, l'avait mis au lit et s'était allongé sur le canapé avec l'intention de se reposer un instant avant de se préparer à dîner. Il s'était endormi là, pour se réveiller vers 11 heures et découvrir qu'il n'y avait rien dans le réfrigérateur en dehors d'une cuillerée de salade de pommes de terre. Il avait mangé ça, ainsi que quelques pastilles en chocolat qui traînaient sur la commode de Kitty. Le matin, il avait pris un petit déjeuner rapide en ville avant d'aller au bureau. Mais, à midi, il avait commencé à se faire du souci pour Kitty et décidé de rentrer chez lui pour l'emmener déjeuner dehors. Après ça, il y avait eu le mot sur son oreiller. La pile de lingerie de la penderie avait disparu ; et elle avait laissé des instructions pour qu'on lui fasse envoyer sa malle.

Il n'avait jamais eu aussi faim, pensa-t-il.

À 5 heures, lorsque l'infirmière descendit à pas de loup, il était assis sur le canapé, les yeux rivés sur le tapis.

« Mr. Cromwell ?

— Oui ?

— Ah, Mrs. Curtain ne peut pas vous voir au dîner. Elle ne se sent pas bien. Elle m'a chargée de vous dire que la cuisinière vous préparerait quelque chose et qu'il y a une chambre d'amis.

— Elle est malade, dites-vous ?

— Elle est allongée dans sa chambre. La consultation vient de se terminer.

— Est-ce qu'ils... est-ce qu'ils ont arrêté quelque chose ?

— Oui, dit l'infirmière à mi-voix. Le docteur Jewett dit qu'il n'y a aucun espoir. Mr. Curtain peut vivre indéfiniment, mais il ne pourra plus jamais voir, bouger ou penser. Il pourra juste respirer.

— Juste respirer ?

— Oui. »

Pour la première fois, l'infirmière remarqua

qu'à côté du secrétaire où elle se souvenait avoir vu une dizaine d'étranges objets ronds alignés, qu'elle avait vaguement imaginés être quelque décoration exotique, il n'en restait plus qu'un. À l'endroit où les autres s'étaient trouvés, il y avait désormais une série de petits trous.

Harry suivit son regard, hébété, avant de se lever brusquement.

« Je ne pense pas que je vais rester. Je pense que j'ai un train. »

Elle hocha la tête. Harry ramassa son chapeau.

« Au revoir, dit-elle aimablement.

— Au revoir », répondit-il, comme pour lui-même, sur quoi, manifestement mû par quelque automatisme impérieux, il s'arrêta avant d'arriver à la porte et elle le vit arracher le dernier objet du mur avant de le laisser tomber dans sa poche.

Puis il poussa la contre-porte et, une fois sur les marches de la véranda, ne fut plus visible.

V

Au bout d'un certain temps, la peinture blanche et nette de la résidence des Curtain trouva un compromis ferme avec le soleil de multiples juillets et montra sa bonne foi en virant au gris. Elle s'écailla : d'énormes pelures d'une peinture ancienne devenue très friable se renversaient en arrière, tels des vieillards s'adonnant à de grotesques exercices de gymnastique, avant d'aller pourrir et mourir dans les herbes folles. Des traînées apparurent sur le revêtement des piliers de façade ; le montant de gauche de la porte fut subitement privé de sa boule blanche ; les volets verts foncèrent, puis perdirent le moindre semblant de couleur.

Elle devint le genre de maison qu'évitaient les âmes sensibles : une église acheta une parcelle de l'autre côté de la route, légèrement décalée, pour en faire un cimetière et, couplé avec « la maison où Mrs. Curtain habite avec ce cadavre ambulant », cela suffit pour jeter un voile spectral sur cette portion de la route. Non qu'on abandonnât Roxanne à la solitude. Des hommes et des femmes lui rendaient visite, la voyaient en ville, où elle allait faire ses courses, la ramenaient en voiture et s'attardaient un moment chez elle pour bavarder et se reposer, sous le charme du sourire dont elle ne s'était pas départie. Mais les hommes qui ne la connaissaient pas ne la suivaient plus du regard dans la rue, l'air admiratif ; sa beauté s'était recouverte d'un voile diaphane, qui en avait détruit l'éclat sans apporter avec lui ni rides ni empâtement.

Elle devint une personnalité du village, où circulait un ensemble d'anecdotes la concernant :

on racontait comment, lorsqu'il avait gelé un hiver dans le pays, au point qu'on ne se déplaçât plus ni en chariot ni en automobile, elle avait appris toute seule à patiner pour pouvoir rejoindre rapidement l'épicerie ou la pharmacie sans avoir à laisser Jeffrey seul trop longtemps. Toutes les nuits depuis qu'il était paralysé, disait-on, elle dormait dans un petit lit installé à côté de son lit, en lui tenant la main.

On parlait de Jeffrey Curtain comme s'il était déjà mort. Au fil des ans, ceux qui l'avaient connu mouraient ou déménageaient ; il ne restait plus que cinq ou six personnes de la bande d'amis d'autrefois, qui buvaient des cocktails ensemble, appelaient les femmes des autres par leur prénom et pensaient que Jeff était le garçon le plus spirituel et le plus talentueux que Marlowe eût connu. Désormais, pour le visiteur occasionnel, il était simplement la raison pour laquelle Mrs. Curtain priait parfois qu'on l'excusât avant de se précipiter à l'étage ; il était un gémissement ou un cri perçant qui descendait jusqu'au salon silencieux dans l'air lourd d'un dimanche après-midi.

Il était incapable de bouger ; il était complètement aveugle, muet et tout à fait inconscient. Il passait toutes ses journées dans son lit, en dehors d'un bref séjour sur son fauteuil roulant, le matin, lorsqu'elle faisait la chambre. Sa paralysie progressait lentement vers le cœur. Au début, pendant la première année, Roxanne avait parfois reçu une infime pression en retour lorsqu'elle lui tenait la main ; puis, cela avait disparu, cessant un soir pour ne plus jamais revenir, et, deux nuits durant, Roxanne était restée les yeux grands ouverts à fixer l'obscurité en se demandant ce qui avait disparu, quelle fraction de son âme s'était envolée, quelle ultime miette d'entendement ces nerfs ébranlés, détraqués, parvenaient encore à véhiculer jusqu'au cerveau.

Après cela, l'espoir mourut. N'eussent été ses soins constants, la dernière étincelle se serait éteinte bien avant. Tous les matins, elle le rasait et le baignait, le faisait passer elle-même de son lit à son fauteuil, et inversement. Elle était dans sa chambre en permanence, à lui apporter des médicaments, à remettre un oreiller en place, à lui parler pratiquement comme on parle à un chien presque humain, sans espoir d'obtenir une réponse ou un remerciement, mais avec la vague conviction que donne l'habitude, une prière quand la foi s'en est allée.

Il n'avait pas manqué de gens, parmi lesquels un neurologue réputé, pour lui laisser clairement entendre que tant de soin était vain, que, si Jeffrey avait été conscient, il aurait voulu mourir, que, si son esprit planait dans des sphères plus vastes, il était probable qu'il ne pouvait consentir à un tel sacrifice de sa part, qu'il ne réclamait rien d'autre que de voir la prison de son corps le libérer tout à fait.

« Mais, voyez-vous », répondit-elle, en secouant doucement la tête, « lorsque j'ai épousé Jeffrey, c'était… jusqu'à ce que je ne l'aime plus.

— Mais, protesta-t-on, en retour, vous ne pouvez aimer cette chose.

— Je peux aimer ce qu'elle a été. Que me reste-t-il d'autre à faire ? »

Le neurologue haussa les épaules et s'en alla dire que Mrs. Curtain était une femme remarquable et qu'il y avait chez elle de la bonté des anges, sans manquer d'ajouter que c'était quand même terriblement dommage.

« Il y a forcément un homme, une dizaine d'hommes, qui meurent d'envie de s'occuper d'elle… »

À l'occasion, il s'en trouvait. De loin en loin, quelqu'un se lançait avec espoir, pour finir dans la vénération. Il n'y avait pas d'amour chez cette femme, sinon, curieusement, pour la vie, pour les gens de ce monde, depuis le vagabond auquel elle offrait un repas qu'elle pouvait difficilement se permettre, jusqu'au boucher qui lui vendait, en coupe réglée, un morceau de bifteck à bon prix. L'autre phase était emmurée quelque part dans cette momie sans expression, qui gisait le visage éternellement tourné vers la lumière avec la régularité mécanique d'une aiguille de boussole, attendant, frappée de stupeur, que la dernière vague vienne balayer son cœur.

Au bout de onze ans, il mourut au milieu d'une nuit de mai, alors que les effluves du seringa flottaient sur le rebord de la fenêtre et que la brise charriait dans la chambre le chant strident des grenouilles et des cigales. Roxanne se réveilla à 2 heures et comprit dans un sursaut qu'elle était enfin seule dans la maison.

VI

Après quoi elle passa de nombreux après-midi assise sur sa véranda défraîchie par les intempéries, abîmée dans la contemplation des champs qui ondoyaient en pente douce jusqu'à la ville blanc et vert. Elle se demandait ce qu'elle allait faire de sa vie. Elle était âgée de trente-six ans – belle, forte et libre. Les années avaient englouti l'assurance de Jeffrey ; elle s'était séparée à contrecœur des hectares de terre qu'elle voyait sur sa droite et sur sa gauche et avait même en partie hypothéqué la maison.

La mort de son mari l'avait laissée dans un état d'agitation profonde. Elle regrettait le temps où il fallait lui prodiguer ses soins du matin, où elle courait en ville, et ses rencontres brèves, donc intenses, avec ses voisins chez le boucher ou chez l'épicier ; elle regrettait le temps où elle cuisinait pour deux, où elle lui préparait des repas liquides recherchés. Un jour, débordante d'énergie, elle sortit et bêcha tout le jardin, ce qui n'avait pas été fait depuis des années.

Et puis, elle était seule la nuit dans la chambre qui avait vu son mariage dans sa splendeur, et dans sa douleur. Pour retrouver Jeffrey, elle retournait en pensée à cette merveilleuse année, cette passion et cette complicité intenses, enflammées, plutôt que d'espérer une rencontre dans un au-delà problématique ; elle se réveillait souvent et restait allongée à souhaiter cette présence à son côté – inanimée mais respirant encore – Jeff toujours.

Un après-midi, six mois après sa mort, elle était assise sur la véranda, vêtue d'une robe noire qui débarrassait sa silhouette du moindre soupçon de rondeur. C'était l'été indien : ors bruns tout autour d'elle ; silence entrecoupé du soupir des feuilles ; à l'ouest, soleil de 4 heures zébrant de coulures rouges et jaunes un ciel embrasé. La plupart des oiseaux avaient disparu ; seul un moineau qui s'était installé un nid sur la corniche d'un pilier faisait entendre un piaulement intermittent, ponctué par quelques sorties voletantes au-dessus de sa tête. Roxanne déplaça son fauteuil de manière à pouvoir l'observer et son esprit somnola paresseusement dans le giron de l'après-midi.

Harry Cromwell venait de Chicago pour le dîner. Depuis son divorce, plus de huit ans auparavant, il était venu fréquemment. Ils entretenaient un véritable rituel : quand il arrivait, ils allaient voir Jeff ; Harry s'asseyait au bord du lit et lançait un retentissant :

« Alors, mon vieux Jeff, comment ça va aujourd'hui ? »

Roxanne, debout près de lui, regardait attentivement Jeff, avec l'espoir que cet esprit anéanti reconnaîtrait obscurément l'ami d'autrefois ; mais la tête, pâle, défigurée, s'en tenait à son unique mouvement et se tournait lentement vers la lumière, comme si quelque chose derrière les yeux aveugles cherchait à tâtons une autre lumière depuis longtemps éteinte.

Ces visites se répétèrent huit ans durant : à Pâques, Noël, Thanksgiving et bien souvent le dimanche, Harry s'était présenté et, après être allé saluer Jeff, s'était longuement entretenu avec Roxanne sur la véranda. Il lui était dévoué. Il ne faisait ni mine de dissimuler ni tentative de pousser plus loin cette relation. Elle était sa meilleure amie, comme la masse de chair étendue sur le lit là-haut avait été son meilleur ami. Elle était la paix, elle était le repos ; elle était le passé. Sa propre tragédie, elle seule la connaissait.

Il était venu pour l'enterrement, mais, depuis,

la société pour laquelle il travaillait l'avait envoyé dans l'Est et c'est seulement à la faveur d'un déplacement professionnel qu'il se trouvait dans la région de Chicago. Roxanne lui avait écrit de venir quand il le pourrait ; il avait passé la nuit à Chicago et attrapé le premier train.

Ils échangèrent une poignée de main et il l'aida à rapprocher deux rocking-chairs.

« Comment va George ?

— Il va bien, Roxanne. Il aime bien l'école, on dirait.

— Naturellement, il n'y avait pas moyen de faire autrement que de l'envoyer là-bas.

— Naturellement…

— Il vous manque atrocement, Harry ?

— Oui… il me manque. C'est un drôle de garçon… »

Il parla longuement de George. Roxanne se montrait intéressée. Harry devait absolument venir avec lui aux prochaines vacances. Elle ne l'avait vu qu'une seule fois : enfant, dans une barboteuse crasseuse.

Elle le laissa avec le journal pendant qu'elle préparait le dîner ; elle avait quatre côtelettes ce soir-là et des légumes tardifs de son jardin. Elle mit le tout à cuire avant de l'appeler et, prenant place à table, ils continuèrent à parler de George.

« Moi, si j'avais un enfant… » disait-elle.

Plus tard, après que Harry lui eut donné les

maigres conseils qu'il pouvait lui prodiguer en matière de placements, ils se promenèrent dans le jardin, s'arrêtant ici et là pour évoquer ce qui avait été autrefois un banc en ciment ou l'emplacement du court de tennis…

« Vous vous souvenez… »

Et ils se laissèrent emporter par un flot de souvenirs : le jour où ils avaient pris toutes les photos, dont celle où Jeff montait le veau ; et le croquis que Harry avait fait de Jeff et Roxanne, vautrés dans l'herbe, avec leurs têtes qui se touchaient presque. Il y avait eu ce projet de relier la grange-atelier avec la maison par une tonnelle, pour que Jeff puisse y aller les jours de pluie ; on avait commencé à construire la tonnelle, mais il n'en restait rien sinon un élément triangulaire cassé, toujours accroché à la maison, qui ressemblait à un poulailler délabré.

« Et ces whiskys glacés à la menthe !

— Et le carnet de Jeff ! Vous vous souvenez comme on s'amusait, Harry, quand on le prenait dans sa poche et qu'on en lisait une page tout haut ? Et comme ça le rendait fou ?

— Enragé ! C'était un vrai gosse pour ce qui était de ses écrits. »

Ils restèrent silencieux un instant, puis Harry ajouta :

« Nous avions le projet de nous installer par ici, nous aussi. Vous vous souvenez ? Nous avions le projet d'acheter les dix hectares d'à côté. Et ces fêtes que nous devions faire ! »

Un nouveau silence se fit, rompu cette fois par une question de Roxanne, à mi-voix :

« Vous avez des nouvelles d'elle, parfois, Harry ?

— Mais… oui, dit-il tranquillement. Elle vit à Seattle. Elle s'est remariée à un dénommé Horton, une sorte de magnat du bois de construction. Il est beaucoup plus âgé qu'elle, je crois.

— Et elle se conduit bien ?

— Oui… enfin, c'est ce qui se dit. Elle a tout, vous savez. Pas grand-chose d'autre à faire que de s'habiller pour le dîner pour faire plaisir à ce type.

— Je vois. »

Il changea de sujet sans qu'il lui en coûtât.

« Vous allez garder la maison ?

— Je pense que oui, dit-elle, en hochant la tête. Je vis ici depuis si longtemps, Harry, que déménager serait une épreuve. J'avais pensé à devenir infirmière, mais il faudrait bien sûr que je déménage. Je me suis presque décidée pour une pension.

— Vous installer dans une pension ?

— Non. En tenir une. Y a-t-il plus singulier qu'une dame tenant une pension ? J'aurais de toute façon une domestique noire et j'accueillerais autour de huit personnes l'été et deux ou trois, si c'est possible, l'hiver. Bien sûr, il faudra que je fasse repeindre la maison et retoucher l'intérieur. »

Harry réfléchit.

« Eh bien… naturellement, vous savez de quoi vous êtes capable, mais cela fait un coup, Roxanne. Vous êtes arrivée ici jeune mariée.

— Peut-être. Mais c'est la raison pour laquelle ça ne me dérange pas de rester ici pour tenir une pension.

— Je me rappelle une certaine fournée de gâteaux secs.

— Ah, ces gâteaux, s'écria-t-elle. Enfin, si j'en crois ce qu'on m'a rapporté sur la manière dont vous les avez dévorés, ils ne devaient pas être si mauvais que ça. J'étais vraiment au plus bas ce jour-là, mais cela m'a fait rire malgré tout quand l'infirmière m'a parlé des gâteaux.

— J'ai remarqué qu'il y avait toujours les douze trous dans la bibliothèque, là où Jeff avait mis des clous.

— Oui. »

Il commençait à faire très noir, une certaine fraîcheur s'installait ; un souffle de vent fit tomber une dernière pluie de feuilles. Roxanne frissonna légèrement.

« Nous ferions mieux de rentrer. »

Il regarda sa montre.

« Il est tard. Il faut que je parte. Je retourne dans l'Est dès demain.

— Vraiment ? »

Ils s'attardèrent un instant juste en dessous de la véranda, regardant une lune comme chargée de neige se détacher à l'horizon, là où se trouvait le lac. L'été fini, c'était à présent l'été indien. L'herbe était froide et il n'y avait ni brume ni rosée. Après son départ, elle rentrerait à l'intérieur, allumerait la lumière et fermerait les volets, et il descendrait l'allée avant de continuer vers le village. Pour ces deux-là, la vie n'avait fait que passer, laissant de la pitié et non de l'amertume ; une simple douleur et non de la désillusion. Le clair de lune était déjà suffisant quand ils se serrèrent la main pour que chacun pût voir la tendresse contenue dans les yeux de l'autre.

COLLECTION FOLIO 2 €

Dernières parutions

5820. Denis Grozdanovitch — *Petit éloge du temps comme il va*
5821. Akira Mizubayashi — *Petit éloge de l'errance*
5835. Francis Scott Fitzgerald — *Bernice se coiffe à la garçonne* précédé du *Pirate de la côte*
5837. Montesquieu — *Plaisirs et bonheur* et autres *Pensées*
5838. Ihara Saikaku — *Histoire du tonnelier tombé amoureux* suivi d'*Histoire de Gengobei*
5839. Tang Zhen — *Des moyens de la sagesse* et autres textes
5856. Collectif — *C'est la fête ! La littérature en fêtes*
5896. Collectif — *Transports amoureux. Nouvelles ferroviaires*
5897. Alain Damasio — *So phare away* et autres nouvelles
5898. Marc Dugain — *Les vitamines du soleil*
5899. Louis Charles Fougeret de Monbron — *Margot la ravaudeuse*
5900. Henry James — *Le fantôme locataire* précédé d'*Histoire singulière de quelques vieux habits*
5901. François Poullain de La Barre — *De l'égalité des deux sexes*
5902. Junichirô Tanizaki — *Le pied de Fumiko* précédé de *La complainte de la sirène*
5903. Ferdinand von Schirach — *Le hérisson* et autres nouvelles
5904. Oscar Wilde — *Le millionnaire modèle* et autres contes
5905. Stefan Zweig — *Découverte inopinée d'un vrai métier* suivi de *La vieille dette*
5935. Chimamanda Ngozi Adichie — *Nous sommes tous des féministes* suivi des *Marieuses*
5973. Collectif — *Pourquoi l'eau de mer est salée* et autres contes de Corée
5974. Honoré de Balzac — *Voyage de Paris à Java* suivi d'*Un drame au bord de la mer*

5975. Collectif	*Des mots et des lettres. Énigmes et jeux littéraires*
5976. Joseph Kessel	*Le paradis du Kilimandjaro* et autres reportages
5977. Jack London	*Une odyssée du Grand Nord* précédé du *Silence blanc*
5992. Pef	*Petit éloge de la lecture*
5994. Thierry Bourcy	*Petit éloge du petit déjeuner*
5995. Italo Calvino	*L'oncle aquatique* et autres récits cosmicomics
5996. Gérard de Nerval	*Le harem* suivi d'*Histoire du calife Hakem*
5997. Georges Simenon	*L'Étoile du Nord* et autres enquêtes de Maigret
5998. William Styron	*Marriott le marine*
5999. Anton Tchékhov	*Les groseilliers* et autres nouvelles
6001. P'ou Song-ling	*La femme à la veste verte. Contes extraordinaires du Pavillon du Loisir*
6002. H. G. Wells	*Le cambriolage d'Hammerpond Park* et autres nouvelles extravagantes
6042. Collectif	*Joyeux Noël ! Histoires à lire au pied du sapin*
6083. Anonyme	*Saga de Hávardr de l'Ísafjördr. Saga islandaise*
6084. René Barjavel	*Les enfants de l'ombre* et autres nouvelles
6085. Tonino Benacquista	*L'aboyeur* précédé de *L'origine des fonds*
6086. Karen Blixen	*Histoire du petit mousse* et autres contes d'hiver
6087. Truman Capote	*La guitare de diamants* et autres nouvelles
6088. Collectif	*L'art d'aimer. Les plus belles nuits d'amour de la littérature*
6089. Jean-Philippe Jaworski	*Comment Blandin fut perdu* précédé de *Montefellóne. Deux récits du Vieux Royaume*

6090. D.A.F. de Sade — *L'Heureuse Feinte* et autres contes étranges

6091. Voltaire — *Le taureau blanc* et autres contes

6111. Mary Wollstonecraft — *Défense des droits des femmes* (extraits)

6159. Collectif — *Les mots pour le lire. Jeux littéraires*

6160. Théophile Gautier — *La Mille et Deuxième Nuit* et autres contes

6161. Roald Dahl — *À moi la vengeance S.A.R.L.* suivi de *Madame Bixby et le manteau du Colonel*

6162. Scholastique Mukasonga — *La vache du roi Musinga* et autres nouvelles rwandaises

6163. Mark Twain — *À quoi rêvent les garçons. Un apprenti pilote sur le Mississippi*

6178. Oscar Wilde — *Le Pêcheur et son Âme* et autres contes

6179. Nathacha Appanah — *Petit éloge des fantômes*

6180. Arthur Conan Doyle — *La maison vide* précédé du *Dernier problème. Deux aventures de Sherlock Holmes*

6181. Sylvain Tesson — *Le téléphérique* et autres nouvelles

6182. Léon Tolstoï — *Le cheval* suivi d'*Albert*

6183. Voisenon — *Le sultan Misapouf et la princesse Grisemine*

6184. Stefan Zweig — *Était-ce lui ?* précédé d'*Un homme qu'on n'oublie pas*

6210. Collectif — *Paris sera toujours une fête. Les plus grands auteurs célèbrent notre capitale*

6211. André Malraux — *Malraux face aux jeunes. Mai 68, avant, après. Entretiens inédits*

6241. Anton Tchékhov — *Les méfaits du tabac* et autres pièces en un acte

6242. Marcel Proust — *Journées de lecture*

6243. Franz Kafka — *Le Verdict – À la colonie pénitentiaire*

6245. Joseph Conrad — *L'associé*

6246. Jules Barbey d'Aurevilly — *La Vengeance d'une femme* précédé du *Dessous de cartes d'une partie de whist*

6285. Jules Michelet — *Jeanne d'Arc*
6286. Collectif — *Les écrivains engagent le débat. De Mirabeau à Malraux, 12 discours d'hommes de lettres à l'Assemblée nationale*
6319. Emmanuel Bove — *Bécon-les-Bruyères* suivi du *Retour de l'enfant*
6320. Dashiell Hammett — *Tulip*
6321. Stendhal — *L'abbesse de Castro*
6322. Marie-Catherine Hecquet — *Histoire d'une jeune fille sauvage trouvée dans les bois à l'âge de dix ans*
6323. Gustave Flaubert — *Le Dictionnaire des idées reçues*
6324. F. Scott Fitzgerald — *Le réconciliateur* suivi de *Gretchen au bois dormant*
6358. Sébastien Raizer — *Petit éloge du zen*
6359. Pef — *Petit éloge de lecteurs*
6360. Marcel Aymé — *Traversée de Paris*
6361. Virginia Woolf — *En compagnie de Mrs Dalloway*
6362. Fédor Dostoïevski — *Un petit héros*
6395. Truman Capote — *New York, Haïti, Tanger* et autres lieux
6396. Jim Harrison — *La fille du fermier*
6412. Léon-Paul Fargue — *Mon quartier* et autres lieux parisiens
6413. Washington Irving — *La Légende de Sleepy Hollow*
6414. Henry James — *Le Motif dans le tapis*
6415. Marivaux — *Arlequin poli par l'amour* et autres pièces en un acte
6417. Vivant Denon — *Point de lendemain*
6418. Stefan Zweig — *Brûlant secret*
6459. Simone de Beauvoir — *L'âge de discrétion*
6460. Charles Dickens — *À lire au crépuscule* et autres histoires de fantômes
6493. Jean-Jacques Rousseau — *Lettres sur la botanique*
6494. Giovanni Verga — *La Louve* et autres récits de Sicile
6495. Raymond Chandler — *Déniche la fille*
6496. Jack London — *Une femme de cran* et autres nouvelles
6528. Michel Déon — *Un citron de Limone* suivi d'*Oublie…*